PÈLERINAGES

D'UN

CHILDE-HAROLD

PARISIEN.

Le titre d'un livre est comme l'étiquette d'un sac. Plus d'un sac a été bien ou mal jugé sur son étiquette. Celle dont nous avons fait choix promet peut-être plus que l'auteur ne tiendra. Eh bien! ce sera un succès pour l'étiquette, si elle vaut mieux que ce qu'elle annonce.

IMPRIMERIE DE H. FOURNIER,
RUE DE SEINE, N° 14.

PÈLERINAGES

D'UN

CHILDE-HAROLD

PARISIEN,

AUX ENVIRONS DE LA CAPITALE,

EN LORRAINE, EN ALSACE, A LYON ET EN SUISSE;

EXTRAITS DU PORTEFEUILLE

DE M. D.-J.-C. VERFÈLE.

TOME I.

PARIS.

AMBROISE DUPONT ET Cⁱᵉ, LIBRAIRE,
QUAI DES AUGUSTINS, N° 37;

A. SAUTELET ET Cⁱᵉ, LIBRAIRE,
PLACE DE LA BOURSE, PRÈS DE LA RUE FEYDEAU.

1825.

ÉPITRE DÉDICATOIRE

AU PUBLIC.

Souverain seigneur, sultan du peuple écrivain, inexorable et suprême arbitre de ses destinées, j'ose frapper à ta Sublime Porte, et demander qu'elle s'ouvre pour mettre à tes pieds un livre de ma façon.

Il y a parmi les livres comme parmi les hommes *beaucoup d'appelés et peu d'élus.*

Comment le mien sera-t-il accueilli?

Ton front armé de dédain et de sévérité me décourage;

« tes yeux indifférens
« Et comme accoutumés à de pareils présens, »

daigneront-ils s'abaisser sur mon humble offrande?

On accuse ta Hautesse d'être fantasque, tranchante, injuste comme la Hautesse de ton confrère de Byzance. Mais tôt ou tard la tienne revient de ses méprises et les répare.

Tout despote, tout arbitraire que tu es, tu n'as pas l'orgueil de te croire infaillible. Si on s'obstine à faire cas de ton opinion malgré ses fréquens écarts, c'est qu'on sait que tu la rectifies, quand la raison t'éclaire.

Ta puissance ne t'aveugle pas jusqu'à nier que la souveraineté de la raison l'emporte sur la tienne, et tu lui obéis; ce qui n'arrive pas toujours à la HAUTESSE du Bosphore; aussi est-elle à mes yeux fort inférieure à la tienne.

Tu aimes et tu méprises l'adulation, je ne t'en adresserai point.

Il importe plus à ta justice de connaître l'œuvre que je lui soumets que d'être flattée.

Je l'ai faite pour m'occuper, quand je n'avais rien de mieux à faire. Le sérieux s'y allie à l'enjouement. J'ai tâché d'éviter la pesanteur dans l'un et la malignité dans l'autre.

Sans avoir été un personnage important, j'ai dans ma position actuelle quelque analogie avec un homme qui le fut et qui aimait à l'être.

M. Necker se plaisait à donner à ses paroles la même solennité qu'à sa place. Il dit dans l'introduction de son ouvrage sur l'*Importance des Opinions religieuses*:

« Mes pensées ne pouvant plus s'attacher à l'é-

« tude et à la recherche des vérités qui ont l'avan-
« tage politique de l'État pour objet, je me suis
« trouvé comme délaissé par tous les grands intérêts
« de la vie.... Inquiet, égaré dans cette espèce
« de vide, mon âme encore active a besoin d'une
« occupation. »

Moi, *si parva licet componere magnis*, quoique je ne me trouve pas dans un aussi grand *délaissement* que M. Necker tombé de bien plus haut, j'ai aussi une *âme active qui a besoin d'occupation.*

M. Necker *os magna sonans* a voulu se replacer par la hauteur de son style à celle du rang dont il était déchu.

Je suis heureusement dispensé d'avoir la même prétention ; je n'aurai pas de peine à m'élever par mes écrits au niveau de la condition que je n'ai plus.

Mes travaux ont eu plus d'utilité que d'éclat. J'ai vu de près de grands vols partis de terre ; ne me sentant pas les ailes assez fortes, j'ai plané dans les régions moyennes. J'ai approché, secondé de hautes capacités, et n'ai rien désiré de plus que le reflet qu'elles pouvaient jeter sur la mienne.

Aujourd'hui, n'ayant plus d'autres directions à suivre que mes fantaisies, je suis revenu à d'anciens goûts long-temps comprimés. J'ai retrouvé mes jeunes yeux pour revoir avec leurs premiers charmes les muses que j'avais négligées.

Elles ont daigné me visiter dans ma solitude,

elles m'ont encouragé à mettre au jour leurs anciennes inspirations, et m'en ont fourni de nouvelles que je me permets d'y ajouter.

Je n'ambitionne pas la gloire d'être admiré, mais l'avantage de plaire.

Je ne voudrais pas toutefois que ce plaisir ne fût que frivole. J'ai à cœur qu'il soit accompagné d'un peu d'instruction, et qu'après avoir fait sourire le lecteur il lui laisse quelque chose à penser.

L'esprit n'est pas rare. La mémoire en fournit au défaut de l'imagination. L'esprit est peu de chose quand il n'est que dans les mots : il faut le voir dans les idées. C'est alors un éclair qui part d'un foyer lumineux. On ne le cherche pas, il jaillit. Je serais bien heureux si ces lueurs venaient fréquemment frapper ceux qui voudront bien m'accompagner dans mes promenades et mes voyages.

Ces écrits sont bien d'un désœuvré, mais d'un désœuvré qui a vécu long-temps, et dont les souvenirs et les réflexions peuvent donner quelque consistance au badinage. Du reste, mon livre ne tendra point l'esprit. On pourra le prendre indifféremment au commencement, au milieu, à la fin. Chaque voyage, chaque promenade est un chapitre indépendant, un sujet à part. Ce ne sont pas des appartemens qui se commandent, mais des maisonnettes éparses.

J'ai peur que les vers mêlés à ma prose n'inspirent d'abord une prévention défavorable. Ce sont des fleurs jetées sur un fond uni. C'est un trait d'orchestre qui interrompt une déclamation. Mais si les fleurs sont pâles, si le trait d'orchestre est sans expression, le mélange est mauvais. Voyez, lecteurs, ce qu'est le mien, avant de vous prévenir contre lui.

« Nascuntur poetæ, fiunt oratores. »

J'ait fait en ma vie beaucoup plus de prose que de poésie. Je suis plus rompu à l'une qu'à l'autre. Cependant la première n'a été que le fruit du travail, et je crois pouvoir attribuer la seconde à une disposition née avec moi.

Je ne veux, par ces révélations naïves, que donner mon signalement, en m'enrôlant dans le corps des auteurs, comme un soldat donne le sien en entrant dans un régiment.

Voltaire, effrayé de ses volumineux ouvrages, dit à Pégase :

« On ne va point, mon fils, fût-on sur toi monté,
« Avec ce gros bagage à la postérité. »

Où irai-je, moi, à mon début, avec six cents pages d'écriture ? Si c'était un livre de parti, une fronde, il exciterait des bravo d'un côté et des sifflets de l'autre. Il ferait du bruit ; et le bruit fait plus des trois quarts des réputations. Le vieux

Lalande, pour grandir la sienne, ne négligeait aucun bruit, pas même celui du ridicule et du scandale. Il mangeait des araignées, allait chez les filles, et niait Dieu pour qu'on parlât de lui.

Mon livre marchera-t-il, se soutiendra-t-il sans aucune des échasses de circonstances?

J'ai apporté à élaguer de ce ballot les choses mauvaises la même attention qu'un douanier à purger de contrebande les malles soumises à sa visite. Le douanier est quelquefois en défaut. Je ne prétends pas avoir plus d'infaillibilité. Je m'en serais défié davantage, si je n'avais été rassuré par quelques suffrages où, à travers les exagérations ordinaires de la politesse, j'ai cru, à tort ou à raison, reconnaître un fond de sincérité.

L'éloge est une dragée qui plaît à la vieillesse comme à l'enfance. Une de ces dragées est sortie pour moi de la bonbonnière d'un homme qui ne les prodiguait pas. Il est mort pair de France, avec la réputation d'un esprit étendu et délicat. Je prie qu'on me pardonne la faiblesse de sucer encore sa dragée, en rapportant la lettre qu'il m'écrivit le 18 juin 1817, en réponse à l'envoi de mon *Voyage à Saint-Fiacre*.

Cet honorable mort m'excusera de me prévaloir de son mérite pour étayer la faiblesse du mien.

« Je vous remercie beaucoup, monsieur, du
« plaisir que m'a procuré la lecture de votre joli

« voyage à Saint-Fiacre. Vous savez importer de
« vos voyages de fort agréables productions, pour
« la jouissance de ceux à qui vous voulez bien en
« faire part à votre retour. Sous les fleurs d'une
« versification toujours facile et gracieuse, il y a
« de très-bons fruits à cueillir : des souvenirs his-
« toriques, des rapprochemens piquans et philoso-
« phiques, des observations très-judicieuses, et
« même de fort bons principes d'économie poli-
« tique ; témoin votre morceau sur la circulation
« et le crédit, et surtout les vers très-remarqua-
« bles où sont exposés les prodiges opérés par le
« travail. Votre distraction m'en a donné une des
« plus douces que j'aie eues depuis long-tems. Je
« ne veux pas laisser passer cette occasion de vous
« renouveler les sentimens très-distingués que je
« vous porte depuis long-tems, et qui sont insépa-
« rables de la parfaite considération qui vous est
« due. »

G. GARNIER.

Le public n'est pas fâché de trouver un jugement tout fait, le voici : libre à lui de le casser.

J'aurais pu en joindre d'autres émanés de juges importans dans l'État et dans les lettres ; mais, grâce au ciel, je n'ai pas, pour les divulguer, le droit que me donne la mort de M. Garnier.

Si on me tance de publier les complimens qu'on

m'a faits, je dirai : C'est un passe-port que je présente, comme un voyageur aux portes d'une ville où il est inconnu. On ne fait pas un reproche à un homme qui entre en condition d'exhiber ses *certificats de bonnes vie et mœurs*. Ce sont les miens que je produis, afin qu'on ait une première idée de ce que je vaux, sauf à n'y point tenir après avoir jugé l'individu par ses œuvres.

Les relations de voyages sont des cadres heureux pour la variété des sujets et des tons. J'ai pu avoir tour à tour, sans recherche et sans efforts, la familiarité d'une lettre, la gravité de l'histoire, l'élévation du discours, le piquant de l'épigramme, la naïveté du conte, le gracieux du madrigal, la langueur de l'élégie, quelques traits d'élan lyrique et d'épopée, suivant les circonstances, l'objet et le lieu qui m'attachaient.

De ce que j'ai pu prendre ces tons il ne s'ensuit pas que je les aie saisis. On peut avoir beau jeu et jouer mal.

Les voyages autour de Paris sont anciens, les quatre premiers ont paru dans la *Décade*, qui remplaça le Mercure avec succès. Ils reparaissent avec de grandes corrections.

Les voyages en Lorraine, en Alsace et en Suisse, sont les premiers fruits d'une liberté inattendue. Je n'ai pas pour ceux-ci l'excuse de la jeunesse. M. Turgot disait du spirituel Dupont de Nemours :

Ce sera toujours un jeune homme qui donnera beaucoup d'espérances. Je n'aurais pas trop à me plaindre, si on me comparait à ce jeune homme, qui le fut en effet jusqu'à quatre-vingts ans.

Cependant, vu cette maxime d'un vieux philosophe,

« Qui n'a pas l'esprit de son âge,
« De son âge a tout le malheur, »

je ne me soucie pas trop de donner, par mes écrits, un démenti à mon acte de naissance. Je ne fuis pas les réminiscences de la jeunesse. On voit sans peine des cheveux noirs parmi des cheveux blancs, mais il est ridicule de cacher une tête grise sous une perruque blonde.

La plaisanterie ne messied point à la maturité. Je ne m'en suis pas fait faute ; le tems ne défend pas à la gaîté de croiser ses plis légers sur les sillons qu'il creuse.

« Juvénal, élevé dans les cris de l'école,
« Poussa jusqu'à l'excès sa mordante hyperbole. »

Élevé dans les cris de la Révolution, je n'en ai jamais pris la véhémence. Il y avait des cris atroces, il y en avait d'humains. Je me suis mis à l'unisson de ceux-ci. J'ai distingué dans ce grand délire ce qui était raisonnable. La cause était saine, les effets dénaturés. Je suis resté fidèle à la cause. Ce cachet marque les divers passages, d'ailleurs assez rares, où j'ai occasion de faire des rapprochemens avec les affaires publiques.

« La modération est le trésor du sage, »

a dit Voltaire. C'est un trésor quand elle est dans les desirs, et une vertu quand elle est dans l'opinion. Je n'en ai pas professé d'autre. Les exagérés l'appellent faiblesse; elle est plus forte qu'eux. Ils passent, et elle reste. La modération est, dans son imperturbabilité, comme une roche dont la surface est souple. La fureur peut déchirer cette surface; mais, plus avant, elle rencontre un tuf qui brise ses instrumens. Le triomphe de la modération est lent, mais certain.

L'existence de la Suisse est un produit de cette vertu. Tout y est devenu calme après de longues années de bouleversemens politiques et religieux.

Mes voyages dans cette contrée sont, après mes premières amours, la plus délicieuse époque de ma vie. Quel gré on me saurait en les lisant, si on éprouvait quelque chose du charme avec lequel je les ai faits! Il n'est donné qu'à très-peu d'écrivains de rendre leurs sensations comme elles leur viennent, de les distiller pour ainsi dire en essence, et d'en imbiber chaque phrase avec une vertu communicative qui monte comme un parfum des pages du livre à l'âme du lecteur.

Rousseau a connu ce secret. La Suisse le lui avait révélé dès son jeune âge. Que ne m'a-t-elle été aussi favorable ! Mais elle s'est bornée à m'enchanter, et m'a laissé à moi-même pour le dire.

Heureusement je ne me suis pas astreint aux descriptions. Les mœurs, l'agriculture, les fabriques, le commerce, l'administration, les monumens debout, les ruines, m'ont fait sortir des terrains purement pittoresques. Je me suis dédommagé de l'impuissance de peindre par les occasions de raisonner. Je n'argumente point, je cause. Si on veut quelque chose de plus approfondi, qu'on lise l'ouvrage recommandable de M. Raoul Rochette, qui le serait peut-être davantage, si l'auteur avait laissé percer moins de complaisance pour quelques opinions ressuscitées dont la solidité n'est pas certaine.

Je ne ferai pas une poétique des voyages en prose et en vers; ce genre n'en est pas plus susceptible que le genre épistolaire. L'essentiel est d'être naturel, intéressant et vrai ; le reste est arbitraire.

Le type consacré plutôt par l'habitude que par le goût est le voyage de Chapelle et Bachaumont. Mais, de bonne foi, un ouvrage écrit avec cette négligence n'aurait pas de succès aujourd'hui. Il y règne toutefois un abandon précieux, une naïveté qu'on dédaigne trop à présent. Ces qualités rachètent bien des défauts. Je voudrais offrir les mêmes compensations pour faire excuser les miens.

Le moment n'est guère favorable à l'apparition d'un ouvrage d'agrément. Une pluie de pierres tombe autour de nous : prendra-t-on garde à quelques gouttes de rosée? Que viennent faire quelques sucreries sur une table chargée de gros mets épicés?

Habent sua fata libelli. Mon livre aura le sort qu'il plaira à Dieu. J'ai eu du plaisir à le faire comme on en a en s'occupant de l'éducation de ses enfans. Ceux-ci font quelquefois, dans le monde, expier à leurs parens les illusions qu'ils leur inspiraient dans la maison paternelle. Il est possible que mon livre me joue le même tour ; je m'y résigne.

Il est terminé par un poëme dans le genre dont *le Lutrin* de Boileau est le désespérant modèle. Cet échantillon de poésie narrative est aussi un voyage, et, à ce titre, il n'est point déplacé dans ma collection.

Une note préliminaire explique à quelle occasion je me suis permis cette débauche de vers alexandrins, et comment, de mince qu'était le sujet, il est devenu si enflé. Ce devait être d'abord comme *le Lutrin* un récit court ; il s'est étendu comme lui, sous la main de l'auteur, et comme lui est devenu poëme. Là finit la comparaison.

Maintenant, Noble Public, mon Souverain Seigneur, maintenant que j'ai averti ta Hautesse du caractère de ma composition, il te reste à voir si j'ai dit vrai, et si elle mérite que ton suffrage la dérobe aux injures des Omar français, qui ont pour les écrits nouveaux la même irrévérence que l'Omar turc pour les bouquins d'Alexandrie.

Puissent tes Visirs, tes Reis-Effendi, rapporteurs ordinaires des livres qui paraissent, ne pas te prévenir contre le mien! et, supposé que j'appelle de leur jugement à ta Hautesse, daigne examiner s'il n'y a pas lieu à cassation.

Je suis, dans la transe la plus respectueuse,

De ta Hautesse

Le très-humble et très-neuf serviteur,

VERFELE.

PREMIÈRE PARTIE.

VOYAGES
AUX ENVIRONS
DE PARIS.

VOYAGE A MEAUX.

LETTRE A M. D....

A COPENHAGUE.

Premier Vendémiaire, an V. (Septembre 1796.)

Tandis que de l'amour et du culte bachique
Ton frère est à Paris le plus gai desservant;
 Toi, dans le Nord, triste agent politique,
 Pour prendre l'air, tu me dis que, souvent
 Dans un canot lancé sur la Baltique,
  Tu promènes au gré du vent
 De ton métier l'ennui diplomatique.
  Je m'amuse différemment.
  De l'atelier de la finance
  J'ai pris congé tout récemment,
  Pour voir le lieu de ma naissance,
  Où je suis allé chaudement,
Étouffé dans un coffre appelé diligence.

Ce coffre semble avoir été fait sur le patron de l'arche de Noé pour contenir le plus de monde possible. Nous étions quinze assis sur des banquettes comme à une conférence. Aussi conférait-on. Veux-tu connaître les membres de cette assemblée ?

D'abord, ma femme et moi, qui ne comptons pour rien,
　　Vu le parti pris de nous taire ;
Puis un gras fournisseur criant que tout va bien,
Devant un rentier sec qui disait le contraire ;
Un pêcheur converti, sermonnant un vaurien,
Qui déposa le froc pour l'habit militaire ;
Un publiciste expert, ci-devant cuisinier,
Endoctrinant un maire, autrefois cordonnier ;
Auprès d'un vieux sergent un timide écolier
　　Que l'armée enlève à sa mère ;
　　Une matrone ayant l'œil aux aguets
　　　　Sur une jeune péronnelle
　　Que du genou quelqu'un serre de près
　　　　Et caresse de la prunelle ;
Puis, brochant sur le tout, un perruquier charmant,
Phraseur souple et fécond, du jargon érotique
　　　　Sachant passer légèrement
　　　　Au ton d'orateur politique,
Analysant les lois et jugeant la tactique,
Sabrant à coup de mots l'Anglais et l'Allemand,
　　　　Ennemis de la République ;
　　　　Contre les Philippes du temps,
Démosthènes poudreux, lançant sa philippique,
Et remplissant enfin la voiture publique
Du bruit des beaux discours qu'à d'autres assistans
Monsieur, le peigne en main, débite en sa boutique.

Son éloquence ne m'absorbe pas au point de détourner mon attention du spectacle des sites dont la route est bordée. En passant par Pantin, j'ai apperçu à ma gauche la tour d'Aubervillers, de ce village, où à dix-sept ans, professeur imberbe, je m'ingérais d'enseigner ce que j'aurais encore eu besoin d'apprendre.

> Dans ma chaire magistrale
> Je serais mort de langueur,
> Sans la scène pastorale
> Où l'amour me fit acteur.
> Le jour, faisant le docteur,
> J'enseignais l'art de bien dire ;
> Le soir, devenu pasteur,
> J'apprenais, nouveau Tityre,
> L'art de trouver le bonheur
> Avec une autre Amarille,
> Aussi tendre par le cœur
> Que sa mine était gentille ;
> Et, quand j'avais gravement
> D'un aride rudiment
> Éclairci quelque chapitre,
> J'allais près d'elle en secret
> Rimer amoureux couplet
> Ou brocher galante épître,
> Et son genou me servait
> De Pégase et de pupître.

Derrière la tour d'Aubervillers, on distingue celles de l'abbaye de Saint-Denis, qui, malgré le mépris que l'orgueil en sabots affecte pour les rois, sera toujours célèbre par leurs sépultures.

Notre diligence de cahots en cahots a gagné Livry, lieu que le souvenir de madame de Sévigné doit rendre cher aux amateurs des graces épistolaires ;

elle y allait chez cet oncle appelé le *bien bon*, qui devait l'être en effet pour une telle nièce. O femmes qui vous mêlez d'écrire! si dans le métier d'auteurs vous voulez avoir plus de succès qu'en affectant de le paraître, respirez le même air que madame de Sévigné qui le devint sans y prétendre. Allez humer à Livry quelques émanations de cet esprit fertile, naturel et piquant, d'où sortit cette foule de lettres familières qui se sont converties à son insu en titres de gloire.

Un séjour bien moins innocent que celui qui attirait à Livry cette femme charmante se montre à quelque distance. Ce lieu fut aussi célèbre par les délices d'un luxe voluptueux qu'il le devint depuis par les orgies et les conciliabules des assassins de son propriétaire.

> Ces Tibères de fange en firent leur Caprée :
> C'est là que dans l'ivresse ils nommaient leurs proscrits,
> Dépeuplaient la province et décimaient Paris ;
> Là s'étanchait leur soif, là leur bouche altérée
> S'abreuvait de plaisirs dans la coupe d'Atrée,
> Là ces vils destructeurs des vertus et des arts,
> Souillés de plus d'excès que n'en peignit Pétrone,
> Singes désordonnés des vices des Césars,
> S'ouvrant par la débauche un chemin vers le trône,
> Sur l'autel de Priape aiguisaient leurs poignards.

Les jardins du Raincy n'ont point été enlaidis par les crimes de leurs fugitifs occupateurs; ils sont toujours frais et riants; ils pourraient aussi bien que d'autres ombrager la tête de la vertu : leur innocente verdure n'est point complice des turpitudes qu'elle a cachées; il serait possible toutefois qu'elle s'étonnât de voir la vertu. Le Raincy a rarement reçu pareille hôtesse; ce n'est point pour lui servir d'asile qu'il a été planté. Ce domaine ne peut appartenir qu'à l'opulence; et l'opulence, surtout celle d'aujourd'hui, n'amène guère la vertu à sa suite.

La révolution, qui a mutilé les hommes et les choses, n'a pas épargné le bois de Bondy. Elle a traité en marâtre, par la destruction de ce bois, les plus dignes soutiens de ses déportemens; je veux dire ces braconniers qui chassaient moins au gibier qu'aux valises, et se mettaient à l'affût pour guetter au passage la dépouille du voyageur.

Il est vrai qu'en rasant le camp de ces Bédouins la révolution leur en a procuré un autre : c'est le perron du Palais-Royal, bazar perpétuel où l'usure échange des carrés de papier contre de l'argent, et de l'argent contre des carrés de papier.

Les vampires qu'elle entretient s'y rassemblaient déjà par pelotons, quand tu es parti pour la Zélande. Que n'ont-ils pu te suivre, et, nouveaux Jonas, aller se perdre dans le ventre de quelques baleines, comme notre numéraire se perd dans leurs sacoches !

Je me dépêche de passer la forêt de Bondy ou plutôt la place où elle fut, afin de m'arrêter à Ville-Parisis pour déjeûner.

Le coiffeur ayant soif et faim
S'élance à la cuisine, ordonne,
Goûte les mets, choisit le vin,
Voit la servante, la chiffonne,
Rembourse un soufflet en chemin,
Et dans la salle du festin
Revient asseoir et montrer sa personne.
Cependant voici le couvert,
Soudain à table il étale ses grâces :
Point de façons; Messieurs, prenez vos places.
Il a celle du maître; il sert,
L'ardent coiffeur boit, mange, cause,
Et dans un coin, parfois, il lorgne en amateur
Un jeune objet que sa pâleur
Me fit comparer à la rose
Dont un soleil trop vif a terni la couleur.

Ce jeune objet était une mariée de quelques jours, un peu fatiguée du trajet qu'elle avait fait des déserts du célibat aux campagnes de l'hymen.

A cet aspect, le malin perruquier
Aurait voulu que cette belle
Eût le désir d'apprendre son métier.
Le galant à l'instruire aurait mis tout son zèle,
Mais à condition qu'elle aurait consenti
Que le professeur en frisure
Ne lui donnât des leçons de coiffure
Que sur la tête du mari.

Après avoir fait deux lieues au-delà de Ville-Parisis, ma femme m'a fait apercevoir, à l'extrémité d'une plaine qui borde la grande route, le hameau de Précy, dont les maisons se perdent au milieu des arbres. C'est là

> Qu'après avoir forcé la prison maternelle
> Qui pendant neuf mois l'enferma,
> Elle vint de Paris sucer une mamelle
> Que pour sa bouche on afferma;
> C'est là qu'elle eut une seconde mère
> Qui, par son lait, ses soins et son amour,
> Pour douze francs par mois, lui conserva le jour
> Qu'elle tenait de la première.

La voiture marche, et nous approchons enfin du terme de notre pélerinage. Déjà on aperçoit la tour de la cathédrale de Meaux : c'est le clocher de mon village.

Cette cathédrale, où Bossuet prêcha, où repose sa cendre, en quel état est-elle, me disais-je? Les églises ont eu leur *deux septembre*, comme leurs ministres; le sang humain a coulé à Meaux, aura-t-on ménagé des pierres?

Je faisais ces réflexions, quand nous nous trouvâmes au haut d'une chaussée d'où l'on découvre toute la ville.

> Là je vois dix moulins sur la Marne bâtis;
> Je m'avance : leur cliquetis,
> Le bruit des flots qui roulent sur la pierre,
> Zéphyr soufflant dans la bruyère
> Ou murmurant dans les épis;
> La plaine où joua mon enfance;
> Ces bords où le poisson gourmand

De l'onde au bout d'un crin enlevé brusquement
Expiait dans mon sac son avide imprudence ;
Ce spectacle, ce mouvement
Charment mes yeux, mon ame. Enfin la diligence
S'ouvre, nous descendons : nos paquets sous le bras,
Ma femme et moi nous dirigeons nos pas
Vers le toit où j'ai pris naissance.
Nous approchons, tout le quartier
Se lève : Les voilà ! se met-on à crier.
Bientôt paraît la veuve de mon père ;
Du moment que je l'aperçoi
Je cours baiser son front sexagénaire,
Et ne vois plus, l'œil fixé sur ma mère,
Ce qui se passe autour de moi.

Après cette scène de sentiment, est venue celle du dîner, ensuite la promenade. J'ai voulu revoir, après quinze ans, un petit jardin dont je faisais, étant écolier, une salle d'étude.

Il appartient aujourd'hui à une femme avec laquelle j'ai passé mon enfance.

Ce fut elle, je m'en souvien,
Qui de notre sexe et du sien
Me fit à son insu sentir la différence.
En la voyant, un besoin inquiet
Tourmentait mon adolescence ;
De ce besoin le ciel la préservait,
Et moi de jour en jour le diable m'enlevait
Mon repos et mon innocence.
Des mystères d'amour le secret échappait
A ma novice intelligence,
Et j'aspirais matin et soir,

A MEAUX.

> Irrité de mon ignorance,
> Au dernier terme du savoir,
> Ménélas pour ravoir sa femme,
> Et de Thétis le fils impatient,
> N'aspiraient pas plus ardemment
> A la conquête de Pergame.

Mon agitation ne me faisait pas envier la tranquillité d'un de mes camarades qui, sans avoir péché comme Abeylard, avait été puni comme lui. Cependant il a eu la fantaisie de se marier; c'était se mettre en campagne sans munitions. Sa prétendue ne savait pas à qui elle avait affaire. Aussi, qui fut trompé?

> En l'honneur de son mariage,
> La belle s'attendait à mettre en liberté
> Certain oiseau qui faisait rage
> Pour sortir de captivité;
> Mais faute d'une clef qui pût ouvrir sa cage,
> Dans sa prison il est resté.

Je m'aperçois que je m'égare en digressions, et qu'en ma qualité de voyageur je devrais faire la description du lieu où je suis.

Que t'en dirai-je? c'est une ville ni belle ni laide, moins grande que petite; elle existait du temps de Jules César. Un parvenu, nommé Jean Rose, anoblit sa fortune en y fondant un hôpital et un collége. Le cardinal de Bissy augmenta ces fondations. Ce qui a le plus illustré Meaux, c'est la résidence de Bossuet.

J'ai revu l'habitation de ce grand homme ; le comité révolutionnaire en avait fait une prison. Aujourd'hui, c'est un Muséum qu'on prendrait pour la boutique d'un marchand de tableaux ; l'évêque constitutionnel en est le gardien. Tu vois que l'épiscopat est un peu déchu ; mais après les grandes chûtes que nous avons vues, celle d'un prêtre doit-elle étonner?

Le jardin de l'Évêché, qui était autrefois les Tuileries, le Palais-Royal, le Luxembourg de Meaux, est peu remarquable par l'étendue et les plantations, mais il est respectable par les souvenirs qu'il rappelle. Bossuet s'y promena, son ombre y plane encore ; que dis-je ! elle a dû s'en éloigner avec courroux, depuis que les Vandales ont souillé ce jardin. J'ai fait ces vers en le voyant :

Jardin chéri d'un grand prélat,
De tes bosquets je viens chercher l'ombrage ;
Mais qu'as-tu fait de ton premier éclat?
Tu n'es plus qu'un terrain sauvage :
La ronce croît où s'élevait la fleur.
Et toi, solitaire bocage,
Où méditait l'éloquent orateur,
Quel ouragan profanateur
A desséché tes eaux et détruit ton feuillage?
Qu'est devenu ce lieu qu'on nommait l'Hermitage?
Ce lieu que Bossuet visita tant de fois,
Ce réduit où dans le silence
Son génie aiguisait ces grands traits d'éloquence
Que du haut de la chaire il lançait sur les rois?
Ce lieu sacré n'est plus, et rien ne le retrace ;

On a souillé le sol que foula Bossuet.
Ainsi d'impurs marais déshonorent la place
　　Où Babylone s'élevait.

　Ce laboratoire, que j'abordais avec le même respect que Rousseau s'approchant de la tour de Monbar, le croirais-tu? est transformé en cloaque! Cette profanation m'a révolté, et je me suis réfugié dans l'église pour voir si le tombeau de l'homme dont on avait si indignement avili la demeure avait été ménagé. Grace au ciel, il est intact; et quoiqu'il ne consiste que dans une seule pierre de marbre noir, c'est le plus bel ornement du temple.
　Indépendamment de cette métropole, il y avait ici dix-huit églises; tu vois que pour une population de sept à huit mille ames, la ville était raisonnablement pourvue de clergé. Sa richesse en ce genre, a bien décru : la plupart des églises sont démolies, et les couvens sont travestis en casernes, en hôpitaux militaires, en dépôt de charrois, en magasins, en écuries; le chœur des Augustines a servi de salle à l'assemblée populaire.

Ainsi dans le lieu même où des voix innocentes
　Soupiraient les cantiques saints,
On entendit hurler ces maximes sanglantes
Qui de tant de français ont fait tant d'assassins.
Ailleurs on a rempli la retraite des vierges
De soldats libertins que Vénus a blessés;
　　Des fusils en faisceaux dressés
　　Ont ailleurs remplacé les cierges.

On rirait de ces métamorphoses, si elles n'avaient pas été accompagnées d'horreurs.

Je ne te dirai rien de la campagne de Meaux, renommée par ses mauvais vins, ses beaux blés et ses gras pâturages; mais je ne puis passer sous silence un hameau qu'on appelle Crégy.

Il est bâti sur un roc, et la plus belle partie de ce roc se trouve dans l'enceinte de l'ancien couvent des Carmes. La nature y a creusé une caverne haute et profonde, du milieu de laquelle sort une source qui pétrifie ce qu'on y jette.

Cette source, abondante encore, l'était d'avantage il y a trente ans; elle éprouve une diminution dont on attribue la cause aux trop nombreux défrichemens de forêts.

L'ancien couvent des Carmes appartient à un particulier qui y donne asile à l'ancien procureur, le père Gomeau, septuagénaire;

Ce patriarche en froc n'a point, malgré son âge,
  La caducité d'un barbon.
C'est un carme encor verd dans l'arrière-saison.
  Et l'on juge sur son visage
  Qu'il était digne de son nom.

Mais s'il avait de la valeur pour justifier la renommée des gens de sa robe, il n'en avait guère montré dans un autre métier où elle est plus nécessaire.

Ce bonhomme, qui aime à causer, nous a conté naïvement son histoire. L'amour, les suites d'un duel, le désespoir ont conduit plus d'un individu dans les cloîtres ; c'est une autre cause qui fit prendre ce parti au père Gomeau.

Dans sa jeunesse il fut soldat,
Il a de Fontenoy vu le fameux combat.
Et là, derrière un arbre, étant en embuscade,
Il est surpris par une fusillade
Qui de l'arbre à son nez fait voler un éclat ;
Il croit avoir reçu la balle meurtrière,
Être sans vie ; il tombe, et, fermant la paupière,
Reste immobile, étendu sur la terre.
« Voilà donc comme on est, dit-il, quand on est mort !
« Que diront mes parens en apprenant mon sort ?
« Hélas ! victime de la guerre,
« Je suis mort sans confession,
« Et n'ai pas eu le temps de faire
« Un acte de contrition.
« Comment, dans cet état, aborder Dieu le père ? »
Gomeau tremblait, et, dans son cœur poltron,
L'effroi fit survenir une réflexion.
« Je parle encor ! » dit-il, « je vis donc !... » Il se lève.
D'un œil surpris il revoit l'horizon,
Et doute encor s'il ne fait pas un rêve.
Il n'était pas sorti de sa perplexité,
Quand il voit s'avancer une troupe ennemie ;
Il fuit, et reconnaît à son agilité
Qu'il est réellement en vie.
Du métier de soldat par la peur dégoûté,
Il se dépouille de ses armes,
Et court dans un couvent de Carmes
Mettre ses jours en sûreté.

Son grade de prieur l'a consolé d'avoir renoncé à la chance d'être capitaine.

Après un séjour d'une demi-décade à Meaux, nous avons repris le chemin de Paris,

> Lieu de brume et de tintamare,
> Toujours sali d'un noir limon,
> Et dont l'abord est au septentrion
> Dignement annoncé par le parfum bizarre
> Qui s'exhale de Mont-Faucon.

Ce lieu, quoi qu'on dise, est le pays que je préfère à tous les autres; on s'y perd dans la foule, on y vit libre; l'activité, le mouvement, la variété n'y laissent pas le temps de réfléchir, on y parcourt le cercle de la vie comme dans un tourbillon, et l'on arrive au terme sans s'apercevoir du chemin qu'on a fait.

Adieu. Si tu fais quelques voyages dans la Zélande, décris-les moi, ce sera m'y associer, et je serai fort aise de courir le Nord à ta suite, sans quitter Paris.

VOYAGE
A
MONTMARTRE.

(AVRIL 1801.)

Madame, dans nos petits jeux du soir, où nous avons plus de temps à perdre que d'argent, vous m'avez imposé pour pénitence de vous écrire un voyage en prose et en vers ; prenez garde que cette pénitence n'en devienne une pour vous ; car, en me demandant un récit, vous avez contracté l'obligation de le lire.

Quelle malice de vouloir ériger en voyageur quelqu'un qui ne voyage pas ! Vous savez quels devoirs me clouent sur ma chaise. Moi, voyager ! c'est demander à un forçat de danser avec sa chaîne aux pieds. N'importe ! j'ai une pénitence à faire, et un pécheur comme moi ne doit point regarder à la difficulté.

Mais où voulez-vous, Madame, que je vous mène ? est-ce dans la lune, comme le cousin Jacques ? Voulez-vous que j'aille y chercher, comme Astolphe, la fiole de la raison ? à quoi bon ? elle serait bientôt cassée auprès de vous.

Si, grâce au chemin que Voltaire a frayé, je voulais aller au temple du Goût, vous seriez un guide excellent, et avec vos inspirations, on pourrait en rapporter quelque chose qui a échappé au premier voyageur. Mais quel usage en ferait-on dans ce pays, où le goût a été détrôné comme le roi, et martyrisé comme lui.

Le temple de l'Amitié, que Voltaire a décrit aussi, serait un aimable but de pélerinage; mais ce n'est pas avec une jolie femme qu'on peut le faire : on y serait trop exposé à changer de route, et l'on courrait risque de tomber chez le frère en croyant arriver chez la sœur. Je ne recule pas devant ce risque, mais je ne vous vois pas la même assurance.

Me hasarderai-je vers le temple de la Fortune? je vous avoue que je n'en connais pas le chemin; la plupart de ceux que j'en vois revenir sont si sales, qu'ils ont dû y rencontrer beaucoup de boue; ils ont l'honneur si égratigné, qu'ils ont dû le faire passer à travers bien des broussailles, et ils rapportent une si grande soif d'or et de plaisirs, qu'ils ont dû s'échauffer beaucoup dans leur marche, et respirer un air bien desséchant. J'aime mieux rester dans la douce température de la médiocrité.

D'ailleurs, je me rappelle que ce n'est pas un voyage imaginaire, mais un voyage réel que vous m'avez demandé. Garnerin doit faire une nouvelle ascension dans son ballon, et redescendre avec son parachûte; j'ai envie de le prier de me donner place dans sa nacelle. Vous frémissez! vous ne voulez pas que la suite de nos petits jeux innocens soit pour moi la chûte d'Icare. Eh bien ! je laisse à Garnerin et aux oiseaux la route des airs, et je vais marcher sur la terre ferme.

Il n'y a pas long-temps que, dans un jour de débauche, j'ai porté l'oubli de ma tâche quotidienne jusques sur les hauteurs de Montmartre, pour y dîner dans la maison même où j'irai m'établir le mois prochain. Voilà mon sujet trouvé. Je commence ma narration :

  De Chapelle et de Bachaumont
   Je voudrais bien avoir la grâce ;
  Mais dans ce siècle, en rimeurs si fécond,
  De leur esprit on a perdu la trace.
   On laisse, pour des traits railleurs,
    Le langage qui parle aux ames,
   Et je ne vois dans nos petits auteurs
    Qu'une espèce de rémouleurs,
Qui ne sait qu'aiguiser des pointes d'épigrammes.

Mais je m'aperçois que j'en fais une : n'imitons pas ce que nous blâmons, et parlons du voyage. Le point de départ est la rue Neuve-des-Mathurins, prise, avec les maisons qui la garnissent, sur un terrain qui appartenait à ces moines, quand tout le quartier de la Chaussée-d'Antin était la campagne. La maison de mon grand-père est la première qui ait été bâtie dans cette rue ; ma grand-mère se recommandait à Dieu, quand elle vint du Carrousel habiter dans ce désert où elle avait peur des voleurs.

D'un déjeûner tant bien que mal nanti,
Pédestrement je me suis mis en route
Pour ce mont sablonneux qui, comme une redoute,
Commande au vaste espace où Paris est bâti.

J'ai passé devant une maison célèbre, ou plutôt un temple beaucoup plus fréquenté que ne le furent ceux que la révolution a détruits ou fait déserter.

Du nom de Porcherons ce temple est appelé ;
C'est là que pipe en bouche, environnés de verres,
Les galans de la Halle et ceux du Port-au-Blé
Font, sur l'air du Bastring, haleter leur commères ;
   Enfin c'est là que régnait Ramponneau ;
   Ce bon vivant, de bachique mémoire,
Autant qu'un hydrophobe avait horreur de l'eau,
   Et pour ne point traverser l'onde noire,
Son ame, assure-t-on, passa dans un tonneau.

J'ai laissé à ma gauche un lieu bien différent, mais non moins fameux, quoique plus moderne, et tout aussi couru. C'est, en fait de plaisirs, le camp des officiers ; les Porcherons sont le bivouac des soldats. Ce lieu est Tivoli, non celui qu'Horace a illustré ;

   Mais ce frais jardin, où les belles,
Sous un lin complaisant promenant leurs appas,
  A l'œil du peintre offrent sans embarras
   Du nu drapé d'intéressans modèles.
     C'est à l'ombre de ces bosquets
    Qu'Amour se tient en embuscade,
     Et que de ses brillans sujets

La mode assemble la parade.
Aux Porcherons on est moins élégant,
Mais plus joyeux, on y boit à rasade;
A Tivoli l'on n'en fait pas autant,
Et si l'on boit, c'est de la limonade.
A Tivoli, pour son argent,
On peut bâiller au bal, aux sérénades,
Aux feux des lampions, au bruit des pétarades,
Et c'est un droit dont on use amplement.

Sous les murs de ce jardin, j'ai vu un spectacle, hélas! trop ordinaire : quatre hommes, précédés d'un commissaire, portaient dans un logement qu'on ne quitte plus, un locataire qui peut-être quelques jours auparavant parlait, marchait, s'agitait dans ce même jardin auprès duquel il passe muet et inanimé. Ce cercueil, à côté d'un lieu de divertissement, m'a fait faire des réflexions que je supprime.

Je ne veux pas d'une funèbre image
Attrister mon léger récit,
Laissons aller en paix dans leur dernier réduit
Ceux qui de cette vie ont fini le voyage.
Déjà du Mont de Mars je vois les âpres flancs;
Je gagne, en côtoyant le gouffre des carrières,
Ces pavillons ailés, sur un pivot tournans,
Qu'un chevalier fameux prenait pour des géans.
Aux géans cependant ils ne ressemblent guères;
Mais en revanche à d'autres gens
Ils ressemblent bien davantage.
Ces hommes qui, suivant le temps,
Changent de forme et de langage,
Qui de tous les partis ont parcouru les rangs,

Qui tantôt sont muets, et tantôt font tapage,
Qui vont dénigrant, approuvant :
Tous ces pantins, à l'œil du sage,
Sont autant de moulins à vent.

La révolution a bien multiplié ces machines; on ne fait plus un pas sans en rencontrer. Il y a même tel cercle où l'on voit plus de moulins à vent qu'il n'y en a sur les buttes de Montmartre et de Mesnil-Montant.

Me voici enfin dans ce Montmartre; je dois vous en décrire les curiosités.

Je ne vous parlerai point de son antique académie, qui était le pendant grotesque de celle du Mont-Parnasse; elle est maintenant dispersée dans maint salon littéraire, dans maint lycée, et surtout dans les ateliers de maint critique. Le Pégase de cette académie a son écurie dans la rue des Prêtres-Saint-Germain-l'Auxerrois.

Vous connaissez cet animal pédant,
Fameux par ses façons de braire;
Voulant, dans son espèce, avoir le premier rang,
Il ne peut excuser Voltaire
D'avoir osé lui donner un confrère
Plus heureux et plus éloquent.
Celui-ci, sur sa croupe, avait gente guerrière,
Et parcourait de l'air les hautes régions;
L'autre se traîne sur la terre,
Le bât chargé de feuilletons.
L'un, parlant sans pédanterie,
Dit le mot juste, et rien de plus;

>   L'autre, à propos de comédie,
>   Empâte son jargon diffus
>   De politique et de théologie.
> Le coursier de Jeannette était doux et courtois,
> Son rival a souvent d'indécentes boutades :
>   De coups de pied il poursuit Duchesnois,
>   Qui se moque de ses ruades.
> L'un ne mourra jamais, tout le lui garantit;
>   En dépit de maint paragraphe,
> L'autre se meurt déjà. Si son nom lui survit,
>   Ce sera sur une épitaphe.

Montmartre attend sa dépouille; c'est le Westminster des grands personnages de son étoffe.

A propos d'abbaye, je ne dois pas omettre celle qui était ici : ce ne sont plus que des ruines ; la charrue, ou plutôt la pioche, a passé sur l'église et le cloître, comme la hache révolutionnaire sur la tête de la dernière abbesse, madame de Montmorency. Avec un grand nom et des vertus, elle ne pouvait trouver grâce auprès des destructeurs de tout ce qui était respectable.

Malgré toutes les diatribes qu'on a lancées contre les monastères, je ne sais quoi d'attendrissant s'élève toujours de leurs ruines. Sans avoir, en contemplant celles de l'abbaye de Montmartre, la même mélancolie que Marius assis sur les débris de Carthage, j'étais triste.

>   Je déplorais le sort de ces victimes
>   D'une crédule austérité,
>   Qui repoussaient comme des crimes

Les mouvemens d'un cœur par l'amour agité ;
Dont l'ame craintive et flétrie
Au sein de l'innocence éprouvait le remord,
Et dont la lugubre folie
Semait des cyprès de la mort
Le chemin si court de la vie.

Les couvens ont été dans le principe des institutions très-salutaires. Les moines ont défriché les landes et les esprits ; les religieuses ont soigné les malades et soulagé les pauvres. Ces asiles de travail, d'étude et de charité, étaient des barrières que la barbarie craignait de forcer. Il n'y avait pas alors d'autre contre-poids à ce pouvoir brutal ; mais quand les progrès des lumières et de la civilisation en eurent créé de plus légaux, les couvens sont successivement devenus abusifs ; et si leur établissement mérite notre reconnaissance, leur chûte ne mérite pas nos regrets.

Henri IV, qui en fait d'amour était un peu hussard, a, pendant le siége de Paris, poussé ses maraudes jusque dans l'abbaye de Montmartre. On a beau porter un voile, hélas ! quel qu'il soit, il devient transparent pour laisser apercevoir l'éclat d'une couronne ; et il n'a pu défendre l'abbesse du prestige de cette vue.

Je suis entré dans la maison qui passe pour avoir été celle où Henri venait jouir de cette bonne fortune ; le salon conserve encore la vieille boiserie de chêne noirci qui en fut témoin.

J'aime à le voir, ce temple heureux,

A MONTMARTRE.

    Où de Vesta la sensible prêtresse
      Offrait au dieu de la tendresse
      Des sacrifices frauduleux.
       Ce lieu mystérieux recèle
Je ne sais quel parfum de plaisirs clandestins,
Et je ne réponds pas du cœur des pélerins
      Qui viendront dans cette chapelle.

N'y envoyez pas votre mari, Madame, à moins que vous ne soyez là pour recueillir les bénéfices de l'influence.

A quelque distance de ce lieu, qui est le plus remarquable monument de Montmartre, non par sa forme, mais par la destination qu'il a eue, s'élève cette tour, qui parle mieux qu'on ne s'entendait dans la tour de Babel, espèce de sentinelle aérienne qui communique avec d'autres sentinelles semblables, pour leur transmettre les mots d'ordre qu'elle reçoit, écho muet qui ne se fait comprendre qu'à quelques initiés, sans produire plus de son qu'une dépêche. C'est cette tour enfin

      Où d'une main ingénieuse
        Monsieur Chappe a construit
      Cette machine merveilleuse
      Qui dans les airs parle sans bruit,
      Et messagère énigmatique,
Élevant, abaissant ses bras mystérieux,
Sait, par leurs mouvemens, porter en divers lieux
Les secrets de la guerre et de la politique,
      A la barbe des curieux.

C'est principalement pour la transmission des

ordres militaires et les nouvelles de leur exécution que les télégraphes sont utiles en ce moment ; celui d'ici ne pouvait être mieux placé que sur un mont consacré jadis au dieu de la guerre : car *Montmartre* vient des mots latins *mons Martis*, qui veulent dire *mont de Mars* ; d'autres le dérivent de *mons martyrum, mont des martyrs*. Cette dernière étymologie est plus vraisemblable, et semble confirmée par le nom de la rue qui aboutit à Montmartre, mais j'aime mieux la première ; elle est moins triste, quoique cependant Mars ne soit pas plus scrupuleux pour faire couler le sang, que les bourreaux qui exécutaient les martyrs. Sa manière passe pour moins ignoble, et l'on est même convenu d'y attacher de la gloire.

Mars, tout dieu qu'il était, et dans un temps où l'on remettait en honneur la liturgie du paganisme ; Mars a été supplanté, comme patron de Montmartre, par un autre patron qui ne peut être inscrit que dans la légende des cannibales.

> Qui se serait douté que le nom de Marat
>   De celui de Mars prît la place ?
> Et que d'un malotru le culte succédât
>   A celui du dieu de la Thrace ?
> Mais le temps, la raison, qui triomphent de tout,
> Ont dissipé ces jours d'opprobre et de délire :
>   Mars est rentré dans son empire,
>   Et Marat gît dans un égout.

Derrière la tour du télégraphe dont je vous parlais tout à l'heure, s'élève ou plutôt s'abaisse la petite maison où finit mon voyage; un vieux épicurien l'a bâtie pour y recevoir des dames de l'Opéra. Elles y viennent, qu'il y soit ou n'y soit pas, et mettent en réquisition à ses dépens les traiteurs du village. Il ne peut venir chez lui après quelques jours d'absence, sans être salué par des créanciers, qui, le bonnet de coton en tête et le couteau de cuisine au côté, viennent lui demander le prix des dîners dont il n'a point tâté. Las de payer des dettes qu'il ne fait pas, il a résolu de réformer cet abus, et de me louer sa maison pour en écarter les guêpes qui pillent son miel; c'est dans le dessein d'arrêter cette location qu'il me donne à dîner.

Je n'ai pu me dispenser de faire un rapprochement entre ce lieu livré à des filles d'Opéra, et l'abbaye qui n'en est séparée que par un mur mitoyen. Ainsi, à dix-huit pouces de distance, d'un côté, l'excès de l'esclavage; de l'autre, l'excès de la liberté; jeûne ici, bombance là; et si je parle des chants, et si je parle des lits! quel autre contraste!

> Sous les murs mêmes du saint lieu,
> Où des vierges traînaient leurs voix mélancoliques,
> Les prêtresses d'Amour, en l'honneur de leur dieu,
>   Entonnaient de joyeux cantiques;
>   Et d'une ombre de volupté
> Lorsqu'un songe effleurait les sens d'une vestale,
>   Près de sa prison virginale
> On se rassasiait de la réalité.

Je vais purger ce lieu par mon habitation ; j'y arriverai bientôt avec trois amours qui ne troubleront pas le genre humain comme les autres. Ces amours sont de ma famille, et qui plus est, de ma façon. Je ne dirai pas que leur mère est Cythérée ; j'en ferai un plus bel éloge, je dirai qu'elle vous ressemble : qu'elle est bonne. Je vois, à ce mot, sourire plus d'un incrédule.

Eh quoi? me diront-ils, ce titre que tu donnes
Est aujourd'hui bien rare, et le fut en tous temps.
— Prenez-vous-en à vous, messieurs les médisans !
Car, si peu de femmes sont bonnes,
C'est que trop d'hommes sont méchans !

Un moyen excellent de rendre les hommes meilleurs, madame, ce serait de multiplier les femmes comme vous. La malignité de notre sexe s'affaiblirait faute d'alimens, et les nombreuses occasions de louer le vôtre feraient perdre l'habitude d'en dire du mal.

Je ne puis mieux clore que par cette vérité la tâche que vous avez imposée à votre pénitent ; il se met à vos genoux, et vous prie de lui abandonner votre main en signe d'absolution, pour qu'il la baise respectueusement.

VOYAGE
A
SAINT-GERMAIN.

A M. DUAULT.

(1804.)

Je vois qu'il vous souvient de ces jours de démence,
  De ce belliqueux carnaval
Qui mit en régimens tout le peuple de France,
  Où, par un choix national,
On nous improvisa sur les bords de la Rance,
  Vous lieutenant, moi caporal ;
  Et vous usez de votre grade,
Pour avoir un rapport de ma main rédigé,
Sur une excursion qu'en un jour de congé
Je fis à Saint-Germain avec mon escouade.

Caporal subordonné, je dois obéir à mon lieutenant. Cependant, je lui dirai que Desmahis, qui valait mieux qu'un caporal, a décrit la même excursion, et qu'il n'y a pas de générosité à me mettre en concurrence avec lui ; c'est vouloir entendre un ménétrier après un artiste. Si c'était vous qui eussiez cette relation à faire, vous n'auriez rien à craindre de la comparaison.

> Celui qui de l'amour recherchant les faveurs
> Parla comme Tibulle au cœur d'Athénaïde,
> Qui chanta le Printemps sur son trône de fleurs,
>   Et Mars sur son char homicide,
>   Celui qui fit rendre au pommier
>   Les mêmes honneurs qu'à la vigne,
> Qui, prenant de Gresset le style familier,
>   Assaisonné d'une gaîté maligne,
> Se moqua d'un rimeur nommé MONSIEUR L'ASNIER;
>   Celui dont la muse badine
>   Sut de l'odeur du châtaignier,
> Sans blesser la décence, expliquer l'origine;
> Celui-là, mieux que moi, peut, amusant conteur,
> Du récit d'un voyage égayer son lecteur.

Mais moi, qui suis empâté de chiffres et de lourde prose, qui vis dans les brouillards des comptes, ai-je dans le cerveau la fluidité nécessaire pour y concevoir ou y loger des idées riantes, fraîches, et en faire sortir des expressions analogues? Demande-t-on des fleurs à qui est relégué parmi des ronces? Mais je me rappelle que c'est mon officier qui commande, et comme un soldat qui obéit à son chef, au risque de se casser le cou, je vous obéirai au risque de dire des sottises.

Je vous avertis que je n'entends rien à l'artifice des divisions d'un discours. Ayant à raconter un voyage, le départ sera mon commencement, la halte le milieu, et le retour la fin. Je pars donc.

Soldat de la finance, éloigné des hauts grades,
Aux portes du Trésor placé depuis seize ans,
J'ai vu maint étranger, et quelques camarades,
Quand je restais dehors, se faufiler dedans.
  Qu'ont-ils fait dans ce sanctuaire?
De maigres qu'ils étaient, ils en sont sortis gras.
  Par quels moyens? je ne sais pas;
Et, sans l'approfondir, je parle d'un mystère.
  Je connais des gens qui, naguère,
  Venus à pied, et le sac sur le dos,
Grâce aux profits d'un commerce usuraire,
Ont contre un équipage échangé leurs sabots.
  De ces messieurs l'éclat m'efface;
Mais, content de mon sort, je n'en jalouse aucun;
Je n'ai point de carosse, et lorsque j'en veux un,
  J'en trouve trente sur la place.
Un char de cette espèce, affermé dix-huit francs,
Mal tapissé, mal clos, à jour comme une claie,
Vint dimanche dernier, pour Saint-Germain-en-Laie,
Prendre mon frère, moi, ma femme et deux enfans.

Ce char roule. Lancé d'une arrière-petite cour de la place Vendôme, il enfile à gauche et à droite deux rues triomphales qui ont pris la place de trois couvents. La rue *Castiglione* les a percés au centre. La rue de *Rivoli* s'est emparée de leurs flancs. Les noms de deux batailles gagnées, sans parler de celui de *Mont-Thabor* donné à une rue intermédiaire, brillent à la place des noms de *Capucins*, de *Feuillants*, de *Bernardines*. Il ne reste intact de cette ville monacale que le dôme de l'Assomption que les détracteurs du temps avaient appelé *sot dôme*, et qui, malgré ce mauvais calembourg, a trouvé grâce auprès des Erostrates révolutionnaires; quoi qu'on en dise, ce dôme, avec son beau portique d'ordre Corinthien, est un monument qui ne dépare point la beauté du nouveau quartier.

De la rue de Rivoli qui rappelle une victoire, nous débouchons sur cette place qui rappelle tant d'assassinats. Ainsi l'histoire, comme l'aspect des sites et des mœurs, est une alternative de beau et de laid, de grand et d'ignoble, de vertus et de crimes, de salutaire et de pernicieux. Dieu a permis ces contrastes pour fixer l'homme sur l'amour du bien et l'horreur du mal, comme il a créé les ténèbres pour mieux faire apprécier la lumière.

Nous saluons les chevaux Numides, chefs-d'œuvre d'un ciseau poétique, auxquels il ne manque que l'auréole de l'antiquité pour les faire appeller divins.

Nous voici dans la superbe avenue des Champs-Élysées, appellée autrefois le Cours. Ce n'était il y a quarante ans qu'un reste dégradé de forêt qui devait favoriser bien des désordres aux portes d'une capitale.

Une chose que Desmahis remarqua sur cette avenue fut un homme gesticulant, qu'il prit pour un poète en travail. C'est à Saint-Germain que j'ai vu quelque chose d'analogue, je le dirai en son lieu, mais aux Champs-Élysées, il n'y avait pas plus de poètes que de chansonniers à un cours d'éloquence. Ce n'est pas sous ces allées tranquilles que ces messieurs, à l'exemple de Boileau dans son jardin d'Auteuil, vont passer et repasser leurs vers à la filière.

Les poètes de nos jours,
Lorsque leur verve s'anime,
Sous les ombrages du Cours
Ne vont pas chercher la rime.
Ils laissent aux vieux auteurs
L'amour de la solitude,
Et négligent, pour des fleurs,
Les fruits mûris par l'étude.

Ils ont pris Horace au mot dans la recommandation qu'il fait de jouir du présent, *carpe diem ;* mais Horace n'était pas indifférent sur l'avenir; et ce n'est pas à son insu et sans but qu'il a donné par la perfection de ses œuvres de solides fondemens à sa gloire. Son *exegi monumentum* prouve qu'il savait ce qu'il faisait, et que les suffrages contemporains ne lui suffisaient pas.

Ils sont tout aujourd'hui. Un mot de louange adressé en face à un auteur lui est plus cher qu'un panégyrique prononcé sur sa tombe. Cette philosophie peut faire des heureux, mais non produire de bons ouvrages. Tant mieux au reste pour les auteurs qui viennent ! ils auront moins à faire pour effacer leurs prédécesseurs. Mais je crains la paresse, on l'a mise à la mode, on la chante. Quel triste sujet ! Je crois entendre un marais qui croupit, se vanter de valoir mieux qu'un ruisseau qui court, et qu'une cascade qui bondit.

Nous avons franchi la barrière et atteint le bois de Boulogne,

Ce bois perfide, où tous les jours

Rôde le brigand de Cythère,
Pour y jouer de mauvais tours
A l'hymen que l'on dit son frère;
Où de jeunes oisifs, cherchant à se distraire,
Novices cavaliers, et jockeys enrichis,
De Paris au galop apportent leurs ennuis,
Et dispersant des brouillards de poussière,
En caracolant dans le bois,
A la porte Maillot font tousser le bourgeois
Qui boit sa bouteille de bière.

Nous filons, et nous arrivons à Neuilly, décoré du beau pont à ceintre surbaissé de M. Perronnet, le Palladio des ponts et chaussées. Ce pont en a remplacé un de bois, où Pascal a failli faire une chûte qui l'a converti, et qui par suite de la peur qu'elle lui a faite, a laissé à ce beau génie cette vision perpétuelle d'une rivière qui coulait à côté de lui.

Pascal jeune homme allait dans les jours saints, suivant l'usage encore subsistant, entendre les ténèbres à Long-champ. Il payait à la mode comme un autre le tribut de faire cette course en brillant équipage. Il en avait un à quatre chevaux qui prirent le mors aux dents à l'approche du pont. Les deux premiers tombent dans l'eau, les deux autres tiennent bon, et donnent à Pascal le temps de se précipiter hors de la portière. Ce danger le ramena dans la voie du seigneur plus sûre que celle de Neuilly, et Port-Royal dut à cet accident un illustre solitaire de plus. On dit que les Jésuites ont anathématisé les deux chevaux qui n'avaient pas suivi leurs camarades dans la rivière, et que ces pauvres bêtes sont mortes excommuniées.

Non loin de l'endroit où *la grâce efficace* opéra si *efficacement* sur l'auteur des *Provinciales*, est un lieu où pareil miracle n'est jamais arrivé. C'est cette jolie maison dont la Seine baigne ou plutôt caresse les jardins.

> Un des plus riches financiers
> Y déploya sa prodigue opulence ;
> Il se damna par excès de dépense,
> Et fit damner ses créanciers.
> Cette maison pour la grâce était close ;
> Et les hôtes qu'elle reçut,
> S'ils s'occupaient de quelque chose,
> Ce n'était pas de leur salut.

Demandez-le aux courtisanes, aux parasites du temps, à toutes les mouches qui bourdonnent autour des corps dont l'embonpoint offre de quoi sucer ! Vous saurez comment le gros M. de Saint-James a été desséché.

Nous arrivons heureusement dans un lieu plus édifiant. L'odeur de sainteté, quoique altérée par une longue profanation, s'y fait encore sentir aux odorats fins. C'est ici, à Nanterre, que naquit la douce, jeune et charitable patrone de Paris. Nous devons au souvenir des petits pains qu'elle donnait aux pauvres ces gâteaux qui portent le nom du lieu de sa naissance. Pure et innocente comme les moutons qu'elle gardait, elle a obtenu les mêmes honneurs que Minerve à Athènes. Elle a eu comme elle son Parthénon. Mais tout change, ce Parthénon a reçu une autre dédicace. Le temple consacré à l'humilité l'est aujourd'hui à l'orgueil.

De Geneviève, hélas! on ne parle plus guère;
 Ils sont passés les temps dévots!
 Et si le pays de Nanterre
A quelque renommée encor chez les badauds,
 Il la doit moins à sa bergère
 Qu'à la bonté de ses gâteaux. (1)

Nanterre est dominé par un mont qui était célèbre, avant que toutes les célébrités eussent éprouvé les échecs que nous avons vus. Il ne tenait pas lieu du Parnasse, c'est un privilège réservé à Montmartre; ce n'était pas un autre mont Hymète, fameux par ses abeilles, le miel n'y a jamais coulé; ce n'était pas non plus un autre Ida, jamais Junon, que je sache, n'y a donné rendez-vous à son Jupiter;

C'était tout bonnement le mont Valérien,
 Où vivaient de pieux apôtres,
Prédicateurs sans art, qui savaient mieux que d'autres
Des griffes du démon dépêtrer un chrétien.
Avec leurs cheveux plats et leur figure blême,
Leurs chants paraphrasés, leurs grands gestes, leurs cris,
 Ils effrayaient les pécheurs de Paris,
Et pour Dieu, tous les ans, faisaient dans le carême
 Une moisson de convertis.

(1) Il ne faut pas oublier que cette lettre est de 1804.

Ces solitaires ne sont plus. Des missionnaires d'une autre étoffe se sont attribué leur apostolat. Ceux-ci courrent les salons, les lieux publics, pour prendre les pécheurs sur le fait. Ils ne parlent pas, ils écrivent; et s'ils n'ont pas les moyens de s'ériger une chaire spéciale chez un imprimeur, ils empruntent les chaires mobiles qu'on appelle journaux, c'est-à-dire qu'ils font des articles, quand ils ne peuvent pas faire un livre. Malheureusement ils n'ont pas, pour réussir, une qualité qu'on ne pouvait contester aux solitaires du Mont-Valérien : c'est la bonne foi, c'est surtout la confirmation du précepte par l'exemple.

La retraite des prêtres du Mont-Valérien présentait jadis un singulier contraste avec l'habitation voisine de deux autres prêtres qui ne se sont pas piqués de faire des conversions pour se rendre célèbres. Je veux parler de Ruel, occupé successivement par deux cardinaux ministres.

> Du fond de ce château, par différens moyens,
> Tous deux ont de l'État assoupi les querelles;
> Richelieu fit mourir ses ennemis rebelles,
>   Et Mazarin dupa les siens.
> Ces grands acteurs, d'habileté profonde,
> Ont bien joué leurs rôles jusqu'au bout :
>   Si contre eux la morale gronde,
>   La politique les absout.

Laissons Ruel et le Mont-Valérien. Nous arrivons à un lieu bien plus récemment et bien plus merveilleusement illustre que tout ce que nous avons vu. Celui qui l'habite, ouvrage inouï de lui-même et des circonstances, a reconstruit la France démolie par la révolution, et s'est fait, de ses débris relevés, un piédestal du haut duquel il reçoit les respects et les soumissions de l'Europe. Cette idole de chair deviendra-t-elle d'airain? Le piédestal qui la porte ne fléchira-t-il pas sous son poids? Un tel phénomène de puissance sera-t-il aussi durable qu'il est étonnant? Je ne forme pas de sinistres augures, le présent m'éblouit. N'attendez pas de moi cependant un panégyrique, je ne serai jamais l'écho des adulations prodiguées aux grands.

> Si, dans les conseils, aux combats,
> Avec sagesse et gloire ils servent la patrie,
> Français reconnaissant, je les en remercie;
> Mais devant eux je ne promène pas
> L'encensoir de la flatterie.
> Solitaire, inconnu, je ne suis point tenté
> D'attirer leurs regards sur mon obscurité;
> D'autres veulent briller; moi, je cache ma vie:
> Je fus dans ce bas monde introduit ignoré,
> Et j'espère en sortir comme j'y suis entré.

Cette maxime n'a pas été suivie par une femme tristement fameuse que me rappelle un pavillon bâti sur ma route. C'est Lucienne, maison de plaisance de madame Dubarry. Née pauvre, si elle fût restée dans sa condition, les bourreaux de 1793 n'auraient pas été l'y chercher. Rousseau estimait plus *la femme d'un charbonnier que la maîtresse d'un roi.* Pourquoi madame Dubarry a-t-elle pris un rang qui lui a fait perdre l'estime de Rousseau, et plus tard la vie, dont elle faisait plus de cas que de cette estime?

Mais trêve de morale; n'imitons pas ces profanes, masqués en apôtres, qui ont la rage de fourrer partout des lambeaux de sermons. Je reprends ma route.

J'entends le cliquetis de la machine de Marly, superbe pompe à roues, dont tout le mérite s'éclipse devant la simplicité des pompes à feu.

Je ne vous dirai rien du château détruit de Marly, de ses beaux jardins presque en friche, de ses bosquets peuplés de dieux,

« Où Louis, respirant du fracas des conquêtes,
« Paraissait inviter tout l'Olympe à ses fêtes. »

Marly a subi le sort de Sceaux. La révolution a passé par là. Je n'aime pas à rencontrer les pas de cette mégère. J'en détourne les yeux, et je me dépêche d'arriver à Saint-Germain. Nous montons en humble fiacre cette belle voie terrassée qui fut faite pour des carosses à huit chevaux. Nous descendons à l'auberge de la veuve Fortin.

Nos chevaux essoufflés demandent l'écurie,
Et nous le déjeûner. On le sert, nous mangeons.
Il faut voir mes enfans dont la dent expédie
    La côtelette mal rôtie,
Pain, cerises, biscuits, brioche, macarons!
    Tandis que ces petits gloutons
    Font à table ainsi leur partie,

Dans la chambre voisine une lubrique orgie
　Nous régale de ses chansons.
　C'étaient des acteurs, des actrices
Des boulevards, venus à Saint-Germain,
Qui s'ébattaient, chez la veuve Fortin,
　Comme derrière les coulisses.

Quoique mes enfans ne fussent pas d'âge à deviner ces mystères, nous nous sommes empressés de nous éloigner de la scène où ils se passaient, en prenant le chemin du château.

Ce château, bâti en pierres et en briques, est d'une architecture féodale qui lui donne l'air d'une forteresse. Louis XIV, ami de la magnificence, devait s'y déplaire. On dit aussi que l'importunité de voir le lieu de sa sépulture, du séjour de sa grandeur, l'en dégoûta. Si cela est vrai, nous devons à une faiblesse la création de Versailles. C'est un grand effet de plus né d'une petite cause.

La terrasse, ouvrage de Le Nôtre, est magique. Armide n'eût pu en créer une plus belle pour intéresser la vue de Renaud. L'œil règne de là sur un empire qu'il semble avoir conquis, comme César, en se présentant. Si l'œil parlait, il pourrait dire aussi: *veni, vidi, vici;* toute sa conquête se montre à lui comme dans une parade, la Seine, une infinité de villages, les hauteurs de Montmorency, ses vallées, les côteaux de Marly, des prairies, des bois, des champs cultivés, et mille maisons de plaisance qui s'élèvent du sein des hameaux, comme des aigrettes d'officiers au milieu d'un groupe de soldats.

Je prenais ma part de royauté, en dominant sur ce vaste espace, quand je fus accosté par un personnage que l'habitude de voir ce spectacle rendait moins attentif que moi.

.Un habit jadis noir, espèce de casaque,
Le couvrait; il marchait, une canne à la main,
Et sous son bras, malgré le ciel serein,
Pendait un parapluie à côté de son claque.
  Coiffé comme feu Chapelain,
  Les crins jaunes de sa perruque,
Dans un sac enfermés descendaient sur sa nuque;
  Un reste de souris malin
  Animait encor sa figure,
Et je dis, en voyant cette caricature,
C'est quelque pauvre auteur qui cache ici sa faim.

Je ne me trompais pas. J'ai jugé au premier mot que sa conversation serait diffuse, mais originale, et de question en question j'ai amené cette vieille énigme à me dire elle-même son mot.

Je vais dans mon récit encadrer son histoire.
En sortant du collége, il se fit gazetier,
  Et chez Fréron, de caustique mémoire,
Avec l'abbé Frigofe il apprit son métier.
  « J'eus mon temps; ma plume sévère
« Aux auteurs en crédit ne faisait pas quartier, »
Dit-il, « et mainte fois, du fond de mon grenier,
  « Dans son château, je fis pester Voltaire.
  « Il me craignait; et, signé de sa main,
« J'en obtins un brevet qui me nomma gredin.
  « Il mourut, adieu les affaires!

« N'ayant plus à larder un si grand écrivain,
« Je cessai d'amuser, et les ingrats libraires
« M'ont renvoyé l'écritoire à la main.

« Heureusement je connaissais la femme-de-
« chambre de la maîtresse d'un fermier-général.
« Je fis des vers pour cette maîtresse, et sa protec-
« tion me valut une place de commis à la barrière
« Chaillot.

« Là, je fais, la sonde à la main,
« Un état plus scabreux que celui d'écrivain.
« Aux ruses des fraudeurs nous opposions les nôtres;
« Contre eux nuit et jour aux aguets,
« Avec les uns je m'arrangeais,
« Et j'étais rossé par les autres;
« Mais, tout compensé, je vivais.
« Hélas! ce temps ne dura guères;
« La révolution fait brûler les barrières!
« Je les défends; mais houspillé
« Par les brigands incendiaires,
« Je me sauve à demi grillé.

« Sur ces entrefaites une petite succession m'é-
« chut; c'était dans la circonstance un bon onguent
« pour la brûlure. Mais cet onguent fondit. La suc-
« cession était en assignats, vous savez ce qu'ils sont
« devenus. Il s'y trouvait quelque rentes sur l'État,
« les deux tiers m'ont été soufflés; l'autre tiers est
« mon dernier reste, il ne me suffit pas. Êtes-vous
« marié? lui dis-je. — Oui et non, répondit-il;
« oui, si le divorce, autorisé par les lois nouvelles,

« est valide ; non, s'il ne l'est pas ; et quelque in-
« térêt que j'aie à ce qu'il le soit, ma conscience
« traîne encore un bout de la chaîne dont ma
« femme a lâché l'autre. — Votre femme vous a
« donc rendu malheureux ? — Passablement.

« La belle à cinquante ans me trouvait décrépit ;
   « Des mets d'amour elle était fort avide,
   « Et je laissais pâtir son appétit.
      « Sa marche était vive et rapide ;
« J'allais à pas comptés, et prenais du répit :
      « L'impatience, le dépit,
      « Au divorce enfin la décide.
« Un jeune homme amoureux me succède en son lit ;
      « C'était, disait-elle, un conscrit
      « Qui remplaçait un invalide.

« Je vins me consoler ici dans une bicoque à moi
« que je ne pouvais pas louer, et où du moins
« je ne paie pas de loyer. Je me cachai dans ce
« terrier pendant qu'on faisait la chasse à ceux qui
« avaient une réputation de vertu et de talent.
« Mais quand ils ont pu se remontrer, j'ai pris l'air,
« comme la colombe après le déluge, et j'ai cherché
« à tirer parti de moi.

      « J'ai senti que j'étais d'étoffe
      « A faire encore un gazetier,
   « A juger orateur, poète, romancier,
      « A dépecer un philosophe ;
   « Et j'eus recours à mon ami Frigofe,
      « Qui me prit pour son ouvrier.

« Dans mes articles, j'apostrophe
« Rousseau, Mabli, Buffon, Voltaire ET CÆTERA.
« Ces morceaux sont signés tantôt S, tantôt A. »
Je les connais, lui dis-je; ils sont très-orthodoxes;
« Du goût et de la foi vous êtes un soutien :
« Saint-Jérôme et Quintilien
« N'ont pas mieux, dans leur temps, sapé les paradoxes
« Du faux rhéteur et de l'anti-chrétien. »

A cette comparaison avec Quintilien et saint Jérôme, « je vois, me dit mon malin radoteur, que « j'ai affaire à un juge instruit. Tout le monde ne « me rend pas la même justice, ou, si on me la « rend, c'est à mon insu, et je n'en suis pas plus « à mon aise. »
« Vous avez cela de commun avec les apôtres, « lui dis-je, qui, comme vous savez, n'étaient pas « riches. — C'est fort bien, reprend-il, mais ils « vivaient dans un autre temps, ils étaient d'une « nature différente de la mienne, et n'avaient pas « les mêmes besoins.

« Leur tempérance fut sublime;
« La chair était chez eux tranquille comme un lac;
« Il mangeaient du pain bis, se passaient de tabac,
« Et je ne puis soumettre à ce régime
« Ni mon nez ni mon estomac.
« De richesses je n'ai que faire;
« Et mes désirs seraient remplis,
« Si je voyais toujours garnis
« Mon buffet et ma tabatière. »

« Voilà, lui dis-je, ce qui s'appelle avoir peu

« d'ambition ; vous devez trouver moyen de satis-
« faire des goûts aussi modérés.—Ce n'est pas, re-
« prend-il, avec le prix de mes articles, mais j'y
« supplée tant bien que mal.

   « A des articles de journaux
   « Je ne borne pas mon génie,
  « Et nul auteur plus que moi ne varie
  « L'art de mêler, de combiner les mots,
« Qu'en ordre alphabétique admet l'Académie.
  « J'en fais aussi quelquefois de nouveaux.
« De tout cet assemblage il sort des mélodrames,
« Des contes, des romans tant graves que bouffons,
   « Des chansons, des épithalames,
  « Des vers légers, des mémoires profonds ;
  « Je fais encor, pour me tirer d'affaire,
  « Des complimens, des lettres, des bouquets,
« Des cantiques sur Dieu, sur la Vierge sa mère,
   « Des sermons pour notre vicaire,
   « Et des complaintes pour les quais. »

 « Bon Dieu ! lui dis-je, étourdi de cette liste,
« comment ne pas recueillir, quand on sème tant ?
« Vous devriez être aussi riche que Voltaire, car
« vous êtes aussi universel. — Voltaire, reprend-
« il, savait se faire payer, et je n'entends rien à
« cela. Sur vingt graines que je sème, il n'y en a
« pas deux qui me rapportent des fruits. Les rats
« de la librairie dévorent le reste. »

 Là finit l'entretien, grâce à ma femme qui s'im-
patientait de sa longueur, et à mes enfans qui vin-

rent me tirer par l'habit pour nous enfoncer dans le bois.

Je vous ai promis l'histoire d'un auteur, je crois avoir largement tenu parole. Il y a du bavardage dans cette histoire, je l'ai laissé pour lui conserver sa physionomie originale. Elle serait peut-être moins drôle, si elle était plus courte. C'est un pâle pendant du *Pauvre Diable*.

J'avais entendu vanter la forêt de Saint-Germain, elle a surpassé l'idée que je m'en étais faite. Heureux qui, libre de soucis et d'affaires, peut y promener ses rêveries et son indépendance! que ces allées sont vastes et belles! que ces pelouses sont douces! Que ces pavillons de verdure sont richement étoffés! Si le labyrinthe de Crète eût ressemblé à cette forêt, Dédale eût aimé sa prison, et Thésée y serait resté avec Ariane.

Cette superbe population d'arbres, plus tranquille que celle des cités, a inspiré à Desmahis une jolie invocation au silence. Le silence l'a exaucé. Il habite sous ces grands et petits dômes de feuillage, et ne permet qu'aux oiseaux de l'interrompre.

En parcourant la forêt dans tous les sens, je n'ai pu passer devant le Val, château du prince de Beauveau, sans rendre un petit hommage tacite à un hôte aimable que ce château recevait souvent.

> Au plaisir, au bon ton fidèle,
> C'est dans sa prose et ses couplets
> Le plus léger, le plus piquant modèle

A SAINT-GERMAIN.

Des grâces de l'esprit français.
Voltaire aimait sa muse familière,
　　Comme un phosphore, un feu follet,
　　Qui toujours surprend, toujours plait
　　Par les jets vifs de sa lumière.
　　Qui ne sait ces vers délicats
　　Façonnés dans un style honnête
　　SUR UN OBJET QUI NE L'EST PAS,
Et dont il fit conquête sur conquête?
Vous rappeler ici ces diamans de vers
Si finement taillés, c'est vous nommer Boufflers.

La promenade donne de l'appétit. Le dîner nous rappelle à l'auberge. Nous repassons devant le château, que je regarde encore. Je serais resté plus long-temps à considérer ce vieux monument, bâti par Louis IV et rajeuni par Henri IV et Louis XIV, si ma compagnie n'eût pas été plus pressée de se mettre à table que de rester en contemplation devant des pierres. Le dernier roi qu'elles ont logé est celui que son gendre avait supplanté à Londres.

Du néant des grandeurs témoignage éclatant,
Ce fut là que Stuart, déchu du diadême,
Sans pompe, sans armée, et réduit à lui-même,
Ne pouvant vivre en roi, vécut en pénitent.
Une grande infortune attendrit toujours l'ame.
Qui sait s'y résigner doit être exempt de blâme.
Cependant, malgré moi, je reste confondu,
Qu'un prince qui porta le sceptre d'Angleterre,
　　Lorsque ce sceptre fut perdu,
Ait cru le remplacer en prenant un rosaire.

Ce prince passait pour brave, autant qu'il avait été voluptueux dans la cour de délices de son frère Charles II. Mais il y a de ces adversités qui écrasent tous les ressorts; et quand, tombé de la sphère des grandeurs factices, la foi vous montre une religion qui vous tend une main pour vous relever, et vous fait voir de l'autre, comme refuge certain, une sphère bien plus éblouissante que celle que vous avez quittée; quand elle vous promet, en échange de la dignité périssable de roi de la terre, la qualité éternelle de citoyen de la république céleste, il n'est pas extraordinaire que, pénétré de la vérité de cette promesse, on se livre à l'abnégation dont Jacques Stuart a donné l'exemple.

Vous aimez, mon ami, que l'on passe du sérieux à l'enjouement. Je quitte donc le château de Saint-Germain pour l'auberge, et le ton de la complainte pour celui de convive. Nous dînons. Soit que la veuve Fortin se soit surpassée, soit que notre appétit ait épicé ses mets, tout nous paraît excellent. Le déjeûner de mes enfans était aux antipodes, ils font faire le même chemin au dîner, et chargent la voiture sans craindre que l'essieu casse. L'heureux âge que celui où tous les ressorts sont neufs, et où chaque épreuve qu'on en fait est un plaisir!

> Le repas pris, l'écot payé,
> Il faut partir. J'entends mon frère
> Crier : Cocher! cocher! d'une voix de tonnerre;
> Point de réponse. Est-il noyé?

Non ; ce maraud, d'ivresse asphyxié,
De ses chevaux partageait la litière.
 Il se relève chancelant,
 Par instinct attelle ses rosses,
Et cogne à droite à gauche, en se heurtant,
 Une tête endurcie aux bosses.

Nous ne voulons pas descendre la montagne avec cet animal; et pour laisser passer les premières fumées du vin, nous lui disons de nous attendre sur le chemin plat. Il part comme le vent, et arrive sans encombre au lieu désigné. Personne ne nous a mieux démontré que lui qu'*il y avait un Dieu pour les ivrognes.*

Nous allons le joindre à pied. Il nous attendait tenant la portière ouverte. A cette figure hâve et défaite, qui grimaçait pour affecter l'état naturel, ma fille jette un cri d'effroi et ne veut pas monter; nous la décidons par notre exemple, et voilà toute une famille qui, pour la vaine nécessité de rentrer chez elle, livre sa vie sur le bord d'une rivière à deux bêtes et à un ivrogne! Une simple habitude domestique donne donc quelquefois autant de courage que l'ambition et la cupidité, qui font braver la mort! César, en s'aventurant sur sa barque, n'eut pas plus de résolution que nous. Un empire l'attendait au terme de son trajet, et nous n'allions chercher qu'un lit que nous aurions pu, à la rigueur, trouver à Saint-Germain.

Malgré la recommandation de ne pas presser ses chevaux, l'ivrogne les menait d'un train peu rassurant, quand heureusement un grand troupeau de moutons l'a forcé de le ralentir. Il a percé à petits pas cette phalange bêlante; mais après l'avoir dépassée, il s'est mis à galoper, comme s'il en avait été poursuivi. Nous étions dans la transe. La rivière que nous avions à notre gauche n'était pas une vision comme celle de Pascal.

> Nous nous serrons, et respirons à peine,
> Les yeux fixés sur nos enfans,
> Et demandant que notre courte haleine
> Gagne nos chevaux galopans;
> Mais je ne sais quel démon les entraîne,
> Et jusqu'à Malmaison nous cotoyons la Seine,
> Avec la peur d'aller coucher dedans.

Enfin Dieu, qui avait déjà protégé notre ivrogne à la descente de Saint-Germain, a eu pitié des gens qu'il menait, et nous sommes rentrés sains et saufs dans l'arrière petite cour dont nous étions partis.

Fort contens de nous reposer de notre course dans un autre lit que celui de la rivière, nous allons nous y mettre. Bon soir, mon lieutenant.

Le caporal VERFÈLE.

VOYAGE
A PASSY.

A M. B....

(JUILLET 1806.)

Au rang des voyageurs je prétends être inscrit ;
    Bruce, Volney, Vaillant, Cook, Bougainville,
Ont, sur des bords lointains, fait mainte course utile
    Dont les savans font leur profit.
Ils mènent le lecteur d'Asie en Amérique,
Et des neiges du Nord sur les sables d'Afrique ;
    Où voulez-vous que je vous mène aussi ?
    D'aller bien loin avez-vous le courage ?
    Non ; vous craignez de faire un long voyage ;
Eh bien ! rassurez-vous, nous n'irons qu'à Passy.

    Je parie, vous qui ne sortez pas plus de votre cabinet les jours ouvrables que de Paris les jours de fêtes, je parie que vous n'avez pas vu Passy, depuis que le *chien de cour* de votre collége de Navarre ne vous y mène plus en promenade. Il y a de cela vingt-cinq ans, et ces vingt-cinq ans d'après les faits qui les ont remplis sont une toile aussi épaisse qu'un siècle entre la scène qui se joue et celle qui s'est jouée.

    Le docteur Gall donne à l'organe de la mémoire

la forme d'une membrane où les souvenirs s'impriment comme sur une pancarte. Si je puis parler en termes du métier, j'avouerai que depuis vingt-cinq ans le temps a été un terrible grattoir, une pierre ponce bien mordante, pour effacer de cette pancarte les anciennes inscriptions, et faire place aux nouvelles. Il n'est donc pas extraordinaire que, pâlissant dans votre quartier du Palais sur des affaires toujours renaissantes, vous ayez oublié un village placé aux antipodes de vos habitudes.

Je veux vous faire renouveler connaissance avec lui; suivez-moi donc dans mon itinéraire, mais à votre convenance, c'est-à-dire sans quitter votre robe de chambre, vos chères pantoufles, ni ce cher cabinet dont vous faites votre Louvre, et où vous régnez à l'exemple du *philosophe marié* de Destouches, mais avec plus de liberté que lui; car vous n'avez pas contracté l'engagement dont il a la singularité d'être honteux et content.

Vous savez que, moins sage que vous qui aimez les capitaux reproducteurs d'autres capitaux, je n'ai disposé de mon premier pécule que pour en retirer du plaisir. Aussi puérilement pressé d'être propriétaire qu'un petit garçon d'être mis en culotte, j'ai acheté dans le bois de Boulogne, à la porte de Passy, une cellule de chartreux qui loge avec moi sans profanation une femme agréable, laquelle femme est la mienne; c'est à cette cellule que je me rends. Je pars de mon cabinet en face d'un passage du Palais-Royal.

A PASSY.

J'ai traversé ce jardin renommé,
Environné d'élégans édifices,
Nouveau Paris dans l'ancien enfermé,
Où le plaisir, à l'étranger charmé,
　　Tend mille embuches séductrices;
Où, sans sortir, on a pour son argent
　　Valets, festin, ameublement,
Bijoux, habits, livres de toute espèce,
Spectacle noble et spectacle bouffon,
　　Concerts et jeu, lit et maîtresse;
Où le sage a souvent oublié sa sagesse,
　　Et le raisonneur sa raison;
　　Où, de ses jeunes jouissances,
　　La bourse en main, plus d'un barbon
　　Va chercher des réminiscences;
Enclos magique, et seul dans l'univers
Où vous pouvez satisfaire sans cesse
Vos caprices, vos goûts et vos besoins divers;
　　Où vous trouvez tout, hors la messe.

Si le cardinal de Richelieu, pour qui ce palais a été bâti, revenait au monde, il n'y reconnaîtrait que les proues de vaisseaux sculptées sur les murs comme signes de sa dignité de grand-amiral. Un prêtre grand-amiral! Il fallait être Richelieu pour faire supporter un tel contraste. Il est vrai qu'il était plus ministre que prêtre, et qu'à ce titre le baudrier de marin lui allait mieux que l'étole.

C'est dans ce palais que le cardinal de Retz se glissait la nuit, pour miner auprès de la régente mère de Louis XIV la fortune du cardinal Mazarin. Ce cardinal de Retz était plus d'étoffe à porter un casque que son chapeau rouge.

Il faudrait faire un livre pour signaler le Palais-Royal par tous ses traits caractéristiques anciens et nouveaux. Quel rôle y jouerait la régence! Ce serait pour un voyageur une belle occasion d'être bavard et scandaleux; trouvez bon que je la néglige, et que j'arrive aux Tuileries.

Quel jardin! si vous ne le connaissiez pas, je ne pourrais vous le décrire dignement que par un beau dithyrambe où Louis XIV, Mansard, Le Nôtre, les Coustou, les Coisevox, auraient leur part d'éloges, comme ils ont leur part de génie dans la création et les embellissemens de ce jardin. Heureusement je suis dispensé de ce travail que je laisse à Delille, le premier de nos poètes descriptifs.

Je file le long de la nouvelle et vaste grille qui borde la terrasse à laquelle on ne donnera plus, je l'espère, le nom de Feuillans; ce nom doit être remplacé par celui d'une victoire.

Me voici sur la place Louis XV, qu'on appelle, je ne sais pourquoi, tantôt place de la Concorde, tantôt place de la Révolution, dénominations malheureuses, qui, d'un côté, supposent un fait plus désirable que vrai, et de l'autre, rappellent un temps dont on ne peut trop éloigner le souvenir.

Pour ne pas vous arrêter sur cette place trop nue qui réclame un monument, je passe aux Champs-Élysées. J'ai une affection particulière pour eux; ils me rappellent un temps passé trop vîte.

Combien de fois sous ces berceaux

D'amour, de vers, occupant ma jeunesse,
 J'ai promené ma muse et ma tendresse;
Exhalé de soupirs, brodé de madrigaux!
Dans l'antique Élysée, inventé par la Fable,
On ne sait que parler, se promener, s'asseoir;
Froid bonheur! Et quel autre, hélas! peuvent avoir
Des êtres vaporeux qui n'ont rien de palpable?
  A ce paradis des Païens,
  Notre Élysée est préférable;
On ne s'y borne pas à de vains entretiens;
Là, sur l'herbe étendus, debout ou sur un siége,
  Les bienheureux usent du privilége
  De n'être pas aériens.
  Moi-même je fus de ce nombre.
Souvent notre Élysée, au déclin d'un jour sombre,
  M'a vu goûter, je m'en souviens,
Quelque chose de mieux que le bonheur d'une ombre.

Si vous étiez comme moi sous les arbres de cette promenade, vous croiriez être assez loin de vos foyers; moi, je poursuis ma route. Voulez-vous que je fasse une pose à l'allée des Soupirs, ou à celle des Veuves? jamais nom ne fut plus mal appliqué à des allées. Dans l'une les soupirs sont des préliminaires dont vous dispensent les dames qu'on y rencontre; s'il y a des veuves dans l'autre, c'est pour y guetter l'occasion de ne plus l'être. Laissons ces allées, j'aime mieux les cirques voisins, où l'on danse au milieu d'un cercle de buveurs de bière.

  Là, le pétulant perruquier
  Fait figurer la couturière
  Devant le robuste ouvrier,

Qui saute avec la chambrière,
A côté du limonadier
Escorté de la cuisinière,
Que lui céda le cuisinier
Pour prendre la limonadière.

Connaissez-vous, dans le voisinage de ces bastringues, le musée des tulipes de Tripet? Elles ont le pouvoir d'amollir la rudesse d'un Diogène journaliste qui aboie contre les philosophes, mais qui fait moins de cas d'un tonneau pour l'habiter, comme son modèle, que pour le vider.

En me rappelant ce miracle, je n'ai pu me défendre d'adresser ce petit discours aux magiques végétaux qui l'avaient produit.

Aimables fleurs! puisque le ciel
Vous a donné le privilége
De suspendre la fougue et d'adoucir le fiel
D'un satirique de collége;
Contre les traits de ce rude mortel
Puisque la raison n'a point d'armes,
Venez briller sur son autel,
Et défendez-la par vos charmes.
Voudrez-vous contre ses fureurs
Défendre aussi les lauriers de Voltaire?
De Tripet quittez le parterre,
A ces lauriers mêlez-vous, belles fleurs!
Au critique ébloui déployez vos couleurs,
Et vous rendrez, si vous le faites taire,
Un grand service à ses lecteurs.

Après cette petite invitation, je quittai les tulipes

sans attendre leur réponse, et je montai vers la barrière, remarquable par ses deux pavillons massifs dont les colonnes bizarres ont été, avec une burlesque vérité, comparées à des fromages de Marole et de Neuchâtel posés alternativement les uns sur les autres.

Mais quels sont ces immenses matériaux dont la terre est couverte? A quoi destine-t-on cette vaste enceinte fermée d'une palissade? Pourquoi cette foule d'ouvriers? C'est un arc de triomphe auquel on veut donner autant que possible des proportions analogues à la grandeur de nos exploits...

> Monument colossal!
> Qui doit, comme un fanal,
> Des feux de notre gloire
> Éclairer l'avenir;
> Sous l'œil de la victoire
> Je te vois commencer, te verrai-je finir?
> Ah! puisse la fortune, ardente à nous servir,
> Pendant que l'on t'élève,
> Ne pas se démentir
> Avant qu'on ne t'achève!

Je devais l'ébauche de cette petite digression aux préparatifs du grand arc de triomphe qu'on élève à l'Étoile. Sa forme gigantesque est celle qui convient, pour assortir le monument aux choses qu'il doit consacrer.

Je reprends le fil de mon voyage. Je suis sur le boulevard qui mène droit à Passy. Je n'y trouve rien à décrire, que les trois belles rangées d'ormes qui en font un triple berceau; le mur de clôture, qui dépite plus les contrebandiers que la grande muraille de la Chine n'a dépité les Tartares; les champs, qui nous donnent tous les ans des blés, des seigles, des pommes de terre, des petits pois, de grosses betteraves à sucre, et tout cela en échange des boues de Paris dont ces champs sont saturés. Mais en poursuivant son chemin, on rencontre une enceinte qui donnerait à la description une teinte lugubre. Elle borde la promenade, comme pour avertir les promeneurs qu'après la course qu'on appelle la vie, c'est là qu'on vient se reposer. Si j'étais Young ou Grey, ce serait pour ma plume mélancolique une bonne fortune que la rencontre d'un tel lieu; je m'y trouverai assez tôt; et sans m'y arrêter, j'arrive à Passy. J'entre par une rue où demeura un homme dont elle porte le nom célèbre.

> Le nom de cet ambassadeur
> D'une naissante république,
> Qui des secrets de la physique
> Sut pénétrer la profondeur,
> Et qui devint, de garçon imprimeur,
> Le Lycurgue de l'Amérique.

De la rue Franklin, je gagne la grand'rue, et je laisse à ma gauche les restes d'un cloître dont les moines avaient une dénomination qui, si elle était exacte, aurait dû les faire excepter de la suppression; ils s'appelaient *Bons-Hommes*. Ce fruit est si rare, qu'on aurait dû au moins y regarder à deux fois pour couper l'arbre qui le produisait.

Les bons-hommes étaient des picpus, espèce de moines moitié capucins, moitié cordeliers; il y en a qui, pour les qualités, étaient cordeliers tout seul, témoin le père Gomar, qui, s'il fut inutile à son prince comme moine, ne le fut pas comme homme.

> La chronique à sa révérence
> Attribue un fruit très-vanté,
> Dont l'appétit d'un roi de France
> Fut jadis un peu trop tenté.
> Louis Quinze blasé, touchant à la vieillesse,
> Quand il vit Dubarry, recouvra sa jeunesse.
> On savait bien que sa Vénus
> N'était pas de la mer une essence divine;
> Mais ce qu'on ignorait, c'est que chez les Picpus
> On dût trouver son origine.

La chronique, vraie ou fausse, donne pour père à madame Dubarry le picpus Gomar. Je ne répéterai pas sur cette femme les vérités et les mensonges dont elle a été l'objet dans l'éclat de sa faveur. Son martyre me désarme; mais son souvenir me rappelle celui d'une de ses devancières, moins célèbre et moins malheureuse. Elle avait sa maison à Passy.

> Plus d'une fois dans ce réduit,
> De son rang déposant la gêne,
> Le monarque est venu la nuit

Payer tribut à la faiblesse humaine.
Son cœur était dévot et ses sens libertins.
Auprès de la belle Romance,
L'attrait des péchés clandestins
Faisait taire sa conscience;
Mais de ces doux péchés les remords sont voisins.
Lorsque Louis s'était rendu coupable,
Le repentir avait son tour;
Et le prince, à Passy venu rempli d'amour,
Retournait à Versaille effrayé par le diable.

La maison de mademoiselle Romance n'est pas loin de celle où finit ma course; mais avant d'y arriver, je trouve encore sur ma route un édifice qui mérite que je vous en dise quelque chose. C'était, dans l'origine, un repos de chasse où étaient casernés des chiens, qui lui avaient fait donner le nom de *Meute*, d'où est venu, par corruption, celui de *Muette*. Les chiens ont été délogés par les princes, et la *Muette* est devenu château royal.

J'ai lu dans certaine chronique,
Que la Muette était un lieu
Où l'élève royal d'un cardinal lubrique
De ses délassemens venait cacher le jeu.
Là, l'étiquette était fadaise,
Les plaisirs seuls régnaient, de tout frein affranchis,
Et chacun y portait le goût d'être à son aise,
Jusqu'à se dispenser de garder ses habits.

Cet ancien séjour de l'aimable sultan Philippe est

divisé aujourd'hui en habitations bourgeoises. Ma maisonnette est presque en face. Là finit mon voyage ; je m'y arrête pour reprendre haleine, et vous la dépeindre.

Ma perspective est à la fois un tableau d'histoire, un tableau de paysage et un tableau de genre.

Le premier représente, dans son château, le plus riche des trois *Bernard connus* en France, celui dont la fortune, aussi gigantesque, pour ainsi dire, et apparemment aussi mal assise que le colosse de Rhodes, s'est écroulée comme lui. Vous voyez, à gauche, sur une terrasse, errer l'ombre tronquée de l'infortunée princesse de Lamballe qui fut l'amie de la reine, et qui la devança dans les catacombes où la sanglante anarchie a jeté les plus grandes victimes ; Molière, Boileau, Helvétius se reproduisent dans l'aspect d'Auteuil que leur résidence a rendu célèbre ; de l'autre côté de la rivière, à droite, s'élève Meudon, qui ne doit pas moins de renommée à son cynique et ingénieux curé Rabelais qu'au château royal dont sa hauteur est couronnée. En face de moi, Issy me rappelle ces conférences théologiques où l'éloquence de Bossuet descendait à combattre l'innocente et vaporeuse mysticité du quiétisme, et meurtrissait le cœur candide de son ancien ami Fénelon ; à peu de distance de là, m'apparaît le spirituel hermite de Vaugirard, précurseur de celui de la Chaussée-d'Antin.

Le tableau de paysage a pour premier plan, le

joli vignoble d'Auteuil et le cours de la Seine ; pour second plan, les campagnes et les prairies de la rive gauche, et pour troisième plan, les moulins à vent de ce village dont on avait fait plaisamment l'abbé de Voisenon évêque, les côteaux de Châtillon, de Clamard, de Meudon, de Belle-Vue, et les nombreuses fabriques qui se perdent comme de rians hermitages dans des massifs de verdure.

Le tableau de genre se compose des mouvemens des voyageurs, des artisans, des vignerons, des laboureurs, des invalides qui vont d'un pas ferme au cabaret et en reviennent chancelans, des rencontres de jeune homme et de jeune fille, des groupes d'enfans qui folâtrent ou se battent, enfin d'une infinité de scènes qui se meuvent et varient comme des marionnettes.

Je vois tout ce spectacle de mon casin, comme d'une petite loge du rez-de-chaussée.

> Ce casin est mon Trianon,
> Mon Fontainebleau, mon Versailles ;
> Les produits du burin, du pinceau, du crayon,
> Ne brillent point sur mes murailles ;
> L'acajou, dans mon mobilier,
> Cède sa place au modeste noyer,
> Et les tuyaux du seigle, unis en longues tresses
> Par le tourneur industrieux,
> Me tiennent lieu de ces coussins moëlleux
> Que j'abandonne aux petites maîtresses.
> Si des commodités et du luxe de l'art
> Je n'ai pas été tributaire,
> J'ai pu du moins grossir mon inventaire

A PASSY.

De ce mail portatif qui fut pour Chamillard
    Le marche-pied du ministère;
    Innocent théâtre de guerre
Où régna Persico détrôné par Spollard.
    Telle est ma rustique retraite.
    Elle serait pour un gourmand
    Une tonnelle, une buvette,
    Le Parnasse pour un poète,
    Amathonte pour un amant,
    Et pour moi, c'est tout bonnement
    Une riante maisonnette,
    Où, de ma famille entouré,
    A l'amitié seule accessible,
    Je suis, en vivant ignoré,
    Le plus heureux qu'il m'est possible.

Vous viendrez m'y voir, je l'espère; car, quoique aussi casanier que Scarron, vous n'avez pas les mêmes raisons que lui pour rester chez vous; d'abord, vous avez les jambes meilleures, et puis vous n'avez pas une femme aimable qui amuse votre solitude, comme madame Scarron. Vous ne léguerez jamais de veuve à un roi pour désennuyer sa grandeur et rassurer sa conscience. Songez que je ne suis qu'à deux pas du village où le paresseux Chapelle, le gros abbé Courtin et le nonchalant La Fontaine allaient se récréer chez Molière et Boileau. Je n'ai pas les mêmes titres pour vous attirer, mais sans rimer aussi bien que Boileau et Molière, on peut les égaler en cordialité. Vous la trouverez chez moi au même dégré qu'on trouvait le talent chez eux. Vous ne connaissez que le ramage de votre serin, venez entendre nos rossignols; vous ne respirez que les fleurs qui poussent sur votre fenêtre, comme le fraisier de Bernardin de Saint-Pierre, venez respirer celles qui garnissent mes plates-bandes; vous avez désappris à marcher, venez refaire votre apprentissage en jouant aux barres avec mes enfans, comme Racine jouait à la procession avec les siens; enfin, sans vous aventurer comme Pilâtre Desrosiers dans sa montgolfière, ni même comme Charles et Robert dans leur ballon, élevez-vous au-dessus des brumes de Paris, pour arriver à ma petite planette. Je ne dis pas que vous y trouverez la phiole de raison qu'Astolphe alla chercher dans la lune, mais vous y verrez une famille bien unie qui se contente de peu, et vous prendrez peut-être cet exemple pour la raison elle-même; car elle est plus sûrement dans la modération que dans la lune.

J'ai encore un autre attrait à vous offrir. Vous aimez la musique, eh bien! songez que Rousseau composa à Passy les premiers airs de son *Devin du Village*, et que les cendres de Piccini y reposent depuis le 7 mai 1800. Chassé à quatre-vingts ans de son ingrate patrie, il revint dans la nôtre chercher une tombe sous les lauriers qu'il y avait laissés.

Ma femme vous jouera sur son piano des airs du *Devin du Village* et de *Didon*. Je vois, à cette idée, croître des ailes à vos pieds, comme à ceux de Mercure. Vous prenez votre élan; nous vous attendons.

PROMENADE

DEPUIS LA PLACE VENDOME

JUSQU'AU JARDIN DES PLANTES,

PAR LE BOULEVARD.

(1809.)

Vous voulez, Madame, que je profite de mon voyage à Paris, pour vous rendre compte de ce que dans mes promenades je remarquerai de curieux ou de nouveau.

Que cette ville est changée depuis que vous en êtes sortie! Il y a des quartiers où vous ne vous reconnaîtriez pas plus que l'empereur Julien, s'il revenait dans sa chère Lutèce. Qu'était-elle de son temps? un cloaque. Les progrès de l'art de construire doivent marquer ceux de l'art de vivre. On peut lire l'histoire de la civilisation dans celle de l'architecture. A mesure que la civilisation a pénétré dans les basses classes, les huttes ont fait place aux maisons régulières, propres, salubres, élégantes même. Aujourd'hui plus d'un particulier est mieux logé que les princes d'autrefois.

Paris porte encore dans quelques anciens quartiers la trace du limon des vieux temps. Il se débarbouille en ce moment avec plus d'activité que jamais. La suppression des couvens nous a procuré de belles rues et de belles places nouvelles. Leurs vastes enclos, pris autrefois sur les campagnes, étaient devenus, par l'agrandissement de la ville, des obstacles à la circulation. Ils sont ouverts, et une foule d'habitans se meuvent où croupissaient des moines.

Je demeure dans le voisinage d'un de ces enclos où l'on avait pratiqué l'étroit boyau appelé passage des Feuillans. Débarrassé de son amas de fabriques informes, c'est aujourd'hui une large rue que l'on bordera de portiques plus réguliers, plus simples et non moins élégans que ceux du Palais-Royal, qui du reste ont leur mérite.

Je pars de là pour faire ma promenade et la finir à ce qu'on nommait de votre temps le Jardin du Roi et qu'on nomme aujourd'hui le Jardin des Plantes, comme s'il n'y avait de plantes que dans ce jardin-là. Il fut débaptisé à une époque où l'on faisait la guerre au nom de *roi*, comme à ceux qui le portaient et à ceux même qui le prononçaient, à moins qu'ils ne l'accompagnassent d'injures pour lui servir de passe-port. Les injures étaient le velours de rigueur autour de ce nom, pour qu'il n'écorchât point l'oreille de ses antagonistes.

Si vous revenez à Paris, et s'il vous prend fantaisie d'aller, comme autrefois, à la messe de midi, ce ne sera plus dans l'église des Feuillans, dont il ne reste que le chœur transformé en orangerie.

Que sont devenus les moines qui desservaient cette église ?

> Ceux-ci prêchaient, ceux-là disaient la messe,
>   D'autres, en leur guérite assis,
> Entendaient ces aveux, ignorés des maris,
>   Et que l'on ne fait qu'à confesse.
> J'honore ces métiers ; mais je respecte autant
>   Celui de cet autre Feuillant,
>   Célèbre disciple d'Hygie,
> Dont les heureuses mains savaient adroitement
> Retirer les cailloux logés dans la vessie.

Vous rappelez-vous la peur que vous faisait dans votre enfance le costume feuillantin? C'était comme un vaste linceul qui enveloppait des fantômes. Il convenait assez à des hommes morts au monde. Mais parmi ces morts il se trouvait des gens qui donnaient signe de vie. Le voisinage était, il est vrai, dangereux pour des morts de cette espèce.

> Aux environs du manoir monastique,
> La licence a permis que Vénus appostât
> Ces groupes féminins dont l'audace impudique
> Fait la guerre dans l'ombre au vœu du célibat.
> Le ciel n'a point armé les sens de chaque moine
>   Pour résister à ces appas,
>   Comme on dit que fit Saint-Antoine
>   A Proserpine en falbalas.
> Aussi, passant, le soir, exprès ou d'aventure,

> Devant ces pelotons qui décochaient leurs traits,
> Plus d'un Feuillant, disent les indiscrets,
> N'a pu dans sa cellule arriver sans blessure.

Que voulez-vous? ce n'étaient pas des Achilles, qui ne fussent vulnérables qu'au talon.

Mais en glosant sur les moines, je ne fais pas de chemin. Marchons : je traverse la place Vendôme, au milieu de laquelle s'élève une colonne triomphale, comme la colonne Trajane à Rome. Elle est faite de la fonte des canons pris à l'ennemi. C'est un rouleau gigantesque d'airain où l'on a écrit l'histoire de nos derniers faits d'armes en figurés diversement groupées, ou plutôt c'est un poème épique en bronze ciselé.

Après la place Vendôme, vous trouviez naguères le couvent des capucines; il a disparu comme celui des Feuillans, pour faire place à une superbe rue qui aboutit droit au boulevard. Que de profanations cette enceinte a éprouvées avant sa dernière métamorphose! J'y ai vu un comité révolutionnaire; des Jacobins ont hurlé où les sœurs psalmodiaient; les assignats y ont eu leur fabrique, Robertson sa fantasmagorie, Franconi ses chevaux, des bateleurs et des marionnettes leurs tréteaux. Je ne vous parle pas de vingt travestissemens non moins hétéroclites. Pauvres Capucines! Devait-ce être là le sort de votre pieux asyle? Cela fend le cœur.

> Sur ce changement douloureux,

SUR LES BOULEVARDS.

Si le talent secondait mon envie,
Je vous ferais, Madame, une élégie
 A tirer les larmes des yeux.
 Quelques mécréans sardoniques
 Pourraient me ridiculiser ;
 Mais les docteurs apostoliques,
 Que l'Église, en ces temps critiques,
 Eut le bonheur d'improviser,
 Dans leurs sermons périodiques
S'empresseraient à me préconiser.
 Que dis-je ? leurs feux séraphiques
Les porteraient peut-être à me canoniser !
Vous sentez qu'à ce prix on peut bien s'exposer
 Aux quolibets des hérétiques.

Cependant, sans redouter les quolibets de ces messieurs, je n'ambitionne point les éloges de leurs adversaires. Je quitte à regret cet enclos des Capucines, où l'on foule, sans y penser, les cendres de tant de vierges ; troupeau rare dont on fait moins de cas aujourd'hui que des troupeaux de mérinos. Ceux-ci ont des bergeries partout, et les bercails des autres sont partout détruits ou profanés.

Je ne sais par quel caprice Louvois a voulu se faire enterrer chez les Capucines. Il ne méritait pas une retraite aussi calme,

 Ce grand ministre de la guerre,
 Qui, secondant, pour les conversions,
 Le zèle de monsieur son père,
Contre les Huguenots lâcha des escadrons,

Et signalant ainsi ses pieuses boutades,
Imagina ces missions
Que l'on appela dragonades.

La grosse statue en marbre de ce ministre et celle de sa femme, ouvrages de Girardon, sont, avec beaucoup d'autres mausolées, recueillies dans la maison des Petits-Augustins, muséum funéraire où le zèle éclairé d'un artiste a dérobé à la destruction un grand nombre de tombeaux dont l'impiété révolutionnaire avait violé la clôture.

Du boulevard des Capucines à la porte Saint-Denis, j'aurai peu l'occasion de m'arrêter. Vous connaissez la salle où vous avez vu les derniers efforts du talent de Carlin? Eh bien! on va, dit-on, en faire une synagogue. Que dites-vous de ce contraste? Je connais des gens qui n'en sont point frappés. Moi, qui sais mieux apprécier les choses, je ne verrai jamais d'analogie entre un rabbin et un arlequin.

La renommée de Frascati est allée jusqu'à vous. Ce lieu la mérite. Jamais luxe de café n'a été porté si loin.

Vous y prenez, sous des lambris dorés,
Sous des berceaux, de cent feux éclairés,
Au milieu d'un essaim de graces,
Les plus doux fruits et les plus parfumés,
En breuvages frais exprimés,
Ou mêlés à la crême et durcis par la glace;
Mais dans ce lieu de luxe, de mollesse,

SUR LES BOULEVARDS.

Qu'on fréquente par ton, qu'on quitte sans regret,
Rien ne ressemble à l'allégresse
Que nos aïeux trouvaient au cabaret.

Nous sommes devenus damoiseaux, nous laissons les cabarets au bas peuple, et nous sommes aussi fades que les liqueurs qui nous abreuvent. Ce ne sont point les limonades qui inspiraient Boileau et ses amis. Nos cafés sont des espèces de harem, au mystère près; et si cela continue, nous serons aussi efféminés que les Orientaux.

A côté de Frascati s'élèvent deux rotondes qu'on appelle panorama. Le mur intérieur est tapissé d'un tableau sur lequel tombe du toit une bande de lumière qui produit une perspective magique. Ce tableau, vu du milieu de la rotonde, produit une illusion telle, qu'on se croit transporté dans le site même dont il offre l'image. Ces tableaux sont les portraits des grandes villes et des lieux célèbres par de grandes expéditions. Ils changent de temps à autre, comme les pièces d'un répertoire de théâtre. C'est ainsi que nous avons vu Paris, Rome, Boulogne, l'entrevue sur le Niémen, la bataille de Wagram et Jérusalem.

Un théâtre nouveau, ouvrage élégant de Cellerier, touche aux deux panorama, séparés par un passage couvert, orné de jolies boutiques, et encombré le soir d'une foule de courtisanes.

A ce théâtre, une espèce de Gille
Brille, plus applaudi, pour ses propos niais,

Que les tirades de haut style
Des Euripide et Sophocle français.
Riez, Messieurs, puisque vous voulez rire,
Mais n'allez pas, pour chercher les bons mots,
Aux gens d'esprit préférer les nigauds;
Choisissez mieux. De son aimable empire,
Thalie est déchue aujourd'hui :
Pour votre honneur rendez-le lui;
Que devant ses traits fins la sottise s'exile !
Melpomène a toujours le front grave et chagrin,
Et l'on peut de sa sœur aimer mieux l'œil malin :
Si vous ne voulez pas pleurer avec le Kain,
N'allez du moins rire qu'avec Préville.

Un critique refrogné me dira qu'il n'y a pas plus de Préville que de Lekain; mais ils ont laissé des disciples qui les rappellent, et qui peut-être les reproduiraient s'ils étaient mieux encouragés. Ce sont les spectateurs délicats et instruits qui font les bons comédiens et même les bons auteurs.

Du théâtre de Brunet au boulevard du Temple, je ne vois de remarquable que les deux arcs-de-triomphe appelés assez grotesquement porte Saint-Denis et porte Saint-Martin.

Ce qui était de votre temps plus choquant encore que ces dénominations, ce sont les échoppes adossées à ces beaux monumens. C'était la misère accolée à la magnificence, l'ignoble au grandiose.

Je me rappelle, à ce contraste,
Ce héros septentrional,
Qui, sur le trône impérial,

SUR LES BOULEVARDS. 71

Joignait aux dons d'un esprit sage et vaste,
Les goûts grossiers d'un matelot brutal ;
Et, bannissant des lois de l'étiquette,
La propreté qu'on doit toujours aimer,
Sur son front couronné laissait une retraite
A ces insectes vils que je n'ose nommer.

Au surplus, cette extraordinaire négligence est, dit-on, commune en Russie aux personnes des plus hautes comme des plus basses conditions.

Mais ce n'est point en Russie que je dois vous conduire, suivez-moi ici ; je passe devant l'ancienne salle d'Opéra, bâtie en six semaines, il y a vingt-sept ans, après l'incendie de celle du Palais-Royal. C'est le plus vaste magasin de mélodrames. Il y en a deux autres plus petits où l'on trouve un assez bel assortiment de ces marchandises ; ce sont les théâtres de Nicolet et d'Audinot. N'y entrons pas, faisons plutôt un tour à Paphos, au Jardin Turc, deux établissemens rivaux de Frascati.

A Frascati l'on ne boit pas de bierre,
Aux palais délicats elle conviendrait peu ;
C'est une boisson roturière
Que n'admet point la noblesse du lieu.
L'étiquette est moins dédaigneuse
Aux rians cafés du Marais ;
Du houblon la liqueur mousseuse
Y fait une alliance heureuse
Avec les glaces, les sorbets.
D'une toilette ambitieuse
On n'exige point les apprêts,

On s'y promène, et l'on y prend le frais
D'une manière moins coûteuse.
Le jardin Turc et celui de Paphos,
Coupés de routes sinueuses,
Ont, sous de jolis arbrisseaux,
Des cellules mystérieuses,
Où, sans armures ni turbans,
Les amoureux près de leurs amoureuses
Sont sans façon Mars ou sultans.

Si, en sortant de Paphos ou du Jardin Turc, j'avais la fantaisie d'allonger ma promenade, je franchirais la ligne du boulevard pour faire une excursion aux Prés-Saint-Gervais.

Le philosophe genévois
Cherchait ces sites romantiques;
Là, ce sauvage ami des bois
Aimait à promener ses pensers lunatiques.
Les dimanches, nos bons bourgeois
Pour ces lieux quittent leurs boutiques;
Je les suis. Je vois à la fois
La jeune fille aux yeux pudiques
Morigéner d'un amant trop courtois
Les démangeaisons érotiques;
Certains couples moins méthodiques
S'accommoder en tapinois,
Sans préambules platoniques;
D'autres couples un peu rustiques
Mêler à leurs amours grivois
La licence des jeux bachiques;
Et maints grossiers Médor avec leurs Angéliques,
Unis par la gaîté, discordans par la voix,

Estropier les couplets iroquois
Qu'ils ont appris dans les places publiques.

Non loin de ces lieux bruyans de folie et de joie, se montre sur une hauteur une maison plutôt isolée que solitaire à qui le fondateur a donné son nom; c'est la maison du père Lachaise, confesseur de Louis XIV. Je ne sais jusqu'à quel point un moine qui avait fait vœu de clôture et de pauvreté, pouvait, en sûreté de conscience, occuper un château. Il faut croire que l'honneur d'être le confident des faiblesses royales autorisait ce privilége. Quoi qu'il en soit, si le revérend père ne suivait pas dans cette habitation la règle de son ordre, il y portait sûrement la régularité d'un prêtre chargé d'édifier son souverain; exemple stérile pour les possesseurs qui ont succédé à sa revérence !

  Ce pavillon, élégamment bâti,
Devint d'un financier la maison de plaisance.
  Quel changement! plaisirs de l'opulence,
Danses, festins, concerts, vous avez travesti
  Ces lieux sacrés! J'ai vu ce grand scandale,
  J'en ai gémi. L'audacieux Plutus,
    Dans la retraite monacale,
  Avait ouvert un boudoir à Vénus;
    Aux questions théologiques
  Il préférait les gaîtés de Momus,
Et faisait plus de cas des fredons de Linus
    Que de nos hymnes psalmodiques.
  L'impie a fait jouer des opéra comiques
    Où l'on disait des oremus.

Ces profanations sont bien expiées, Dieu a voulu que cette maison, où l'on faisait tant de cas des délices mondaines, devint un lieu qui en inspirât le mépris : il en a fait un cimetière.

Ce cimetière de qualité est aussi ambitionné par les morts que les titres par les vivans. La vanité, se glissant jusque dans la religion des tombeaux, a donné à ce terrain la valeur d'une mine du Pérou. Le plus petit espace se vend au poids de l'or. Ce n'est point par arpens, par perches, par toises qu'on divise les lots, c'est par pieds et par pouces, comme l'or par carrats et par grains.

Je blâme d'autant moins cela, que la cherté de la superficie attire la richesse des monumens qui la couvrent. L'architecture et la sculpture ont de quoi s'exercer dans le genre tumulaire, comme chez les anciens, et nous donnent l'espoir d'avoir des musées funèbres en plein air, comme nous en avons d'une nature moins triste au Louvre.

C'est assez vous arrêter dans le faubourg Saint-Germain des trépassés de distinction, je retourne au boulevard. J'approche d'une maison non moins profane que l'était devenue celle du père Lachaise avant sa dernière métamorphose ; c'est la maison de Beaumarchais. On n'en fera point un cimetière, mais on y creusera le lit du canal de l'Ourcq. Épicure aura encore un temple de moins.

Vis-à-vis cette maison, s'élevait la Bastille, bâtie sous Charles V et détruite sous Louis XVI. Je pourrais à ce sujet vous répéter les lieux communs de vingt déclamateurs sur ce fameux donjon; ce sujet est comme une marre où les jacobins ont puisé la boue qu'ils ont jetée au prétendu despotisme; je n'irai point m'y salir.

Le promeneur qui veut aller en droite ligne, du boulevard, au bord méridional de la Seine, n'est plus heurté dans sa route par une masse de pierres divisée en tours et en remparts. Le boulevard se prolonge sur l'ancien jardin de l'Arsenal. On élève, à l'extrémité latérale de cette promenade, de beaux greniers d'abondance, pour y recueillir des réserves de grains et de farines qui obvient aux disettes.

Arrivé sur la rive de la Seine, vous vous détournez à gauche pour passer la rivière sur un superbe pont dont les arches sont formées de grils de fer fondu, appuyés l'un contre l'autre, en guise de pierres de taille. C'est un massif à jour; les grosses voitures de rouliers y passent comme sur les ponts de pierre. La vue est magnifique du milieu de ce pont qui vous tient suspendu sur le plus beau bassin de la Seine. Parmi les nombreuses fabriques semées sur ses bords, vous distinguez la Rapé,

> Ce lieu, par Vadé célébré,
> Cet atelier de matelotte,
> Où l'ouvrier vient altéré
> Noyer sa soif dans la ribotte;
> Où maint amateur en jupons
> Et des brochets et des goujons
> Se régalant les jours de fêtes,
> Quelquefois parmi ces poissons

En mange qui n'ont pas d'arrêtes.
Mais on voit aussi dans ce lieu
Plus d'un bon père de famille,
Pour un plat de carpe et d'anguille,
Faire trêve à son pot-au-feu ;
Puis, entre sa femme et sa fille,
A la Rapé disant adieu,
Dans sa maison il se retire
Gai, calme, et n'ayant fait de mal
Qu'au poisson que l'on a fait cuire
Pour son dîner patriarchal.

Du pont auquel on a donné le nom d'Austerlitz, en mémoire de la bataille gagnée à Austerlitz sur les Russes et les Autrichiens, il n'y a qu'une enjambée jusqu'au Jardin des Plantes. Il faudrait faire un volume et avoir cent fois plus de science que je n'ai pu en acquérir, pour nommer seulement les richesses de ce jardin tant vivantes que mortes dans les trois règnes. Permettez que je me sauve de ce travail par mon insuffisance. Aussi bien, ma lettre est assez longue, et j'aime mieux la finir ici en vous embrassant, que de vous ennuyer en la prolongeant.

VOYAGE
A
SAINT-FIACRE,
VILLAGE VOISIN DE MEAUX.

A MON COUSIN,
A MARSEILLE.

Paris, Mai 1816.

DÉPART.

Cher habitant de cette colonie
Que fondèrent, dit-on, des Troyens malheureux,
 Lorsqu'un des leurs, sur l'ordre exprès des dieux,
Abandonna Didon pour chercher Lavinie,
 Dans ce pays tu vois des voyageurs
 Qui, se fiant aux caprices des ondes,
Des trésors du commerce heureux dispensateurs,
Par ses nœuds bienfaisans unissent les deux mondes.
Sans aller si loin qu'eux, nous voyageons aussi.
 Il te souvient de notre caravane
Aux plaines de Saint-Fiacre, aux remparts de Crécy,
Pour voir de nos aïeux la tombe et la cabane.
 J'en ai tracé l'histoire, et la voici :

C'est une partie de plaisir qui a rajeuni notre maturité, en nous faisant passer en revue ce qui avait intéressé notre enfance et notre jeunesse ; elle a commencé le 18 mai 1816, à neuf heures du matin.

Munis d'un léger déjeûner, nous partons de chez moi en calèche, toi, mon frère Natal, mon fils Jules et moi, pour aller à Saint-Fiacre, lieu de la sépulture de mon grand-père et de ma sœur aînée : passer d'abord à Crécy, ton pays natal et celui de notre famille paternelle, et revenir par Meaux, le berceau de ma mère et le mien.

La place des Victoires est franchie ; nous voilà dans la rue Bourbon-Villeneuve, que tu as si souvent fréquentée au temps de tes premières armes dans la compagnie des chasseurs des Petits-Pères.

> Il te souvient de ce quartier,
> Où tu venais, dans ton jeune âge,
> En habit de chasseur, chez la belle Olivier,
> Des exploits amoureux faire l'apprentissage.
> Il est, mon cher, à parier
> Qu'elle fut en ce genre excellente maîtresse ;
> Car, si j'en juge au train dont alla ta jeunesse,
> Nul homme en fait d'amour ne sut mieux son métier.

Tu l'as un peu oublié depuis vingt-cinq ans, et je présume qu'aujourd'hui l'écolier ne ferait pas plus d'honneur à la maîtresse que la maîtresse à l'écolier.

Elle avait succédé à la pauvre petite Savard, première Nicolette dont tu fus l'Aucassin. Ne dirons-nous rien d'elle à propos de sa rivale? Quel chagrin a marqué votre séparation! Celle de Titus et Bérénice a été plus célèbre, mais non plus triste.

Si l'on ne brode point une tragédie sur la vôtre comme sur la leur, on peut au moins en faire le sujet d'une élégie, et je vois déjà ma plume qui pleure.

> De sanglots, quand Savard partit,
> Tu remplissais ton grenier solitaire.
> Autour de toi tout semblait interdit;
> Ton serin se taisait, tapi dans sa volière;
> Ton chien traînait la queue et perdait l'appétit;
> Des moineaux, tes voisins, logés sous la gouttière,
> Ton deuil avait gagné le nid;
> Des sensibles souris la patte familière
> Ne venait plus gratter ton lit,
> De peur de t'éveiller la nuit,
> Lorsqu'avec toi Morphée endormait ta misère.
> Si l'absence et le temps, sur ces faits douloureux
> Avaient rendu ta mémoire caduque,
> Songe que pour Savart tes transports amoureux,
> Outre des pleurs, t'ont coûté tes cheveux;
> Souviens-toi d'elle, au moins, quand tu mets ta perruque.

En effet, ton front chauve date de ta liaison avec elle. Le feu qui t'allumait le cerveau a desséché la sève de ta chevelure : ce feu là ne te donne plus de migraine; quoi qu'il en soit, il t'a mis à l'abri du sort d'Absalon, et c'est toujours cela.

Nous ne nous arrêterons point au boulevard des parades : ce n'est pas seulement là qu'on voit des

Gilles et des paillasses; ces caricatures sont partout; les révolutions les font pulluler.

>Vous en voyez de diverses couleurs
>Assiégeant les bureaux, comblant les antichambres,
>Et faisant feu des quatre membres,
>Pour attrapper de l'or et des honneurs.
>Nul jongleur en son temps, au plus haut de sa gloire,
>De tours plus variés n'a diverti la foire.
>Tel aujourd'hui crie avec les frondeurs
>Des dogmes saints prêchés par les apôtres,
>Qui demain, de la foi suivant les sectateurs,
>Dans l'église, auprès d'eux, dira ses patenôtres.
>Tel aujourd'hui s'escrime à sauter pour le roi,
>Qui gambadait hier pour l'aigle frénétique
>Tombé du haut des airs dans la mer Atlantique,
>Et qui demain, en cas de désaroi,
>Danserait pour la république.

Voici la place où fut cette Bastille sur laquelle la révolution porta étourdiment ses premier coups: bel exploit, qui, pour une prison détruite, en fit naître des milliers! Tant l'amour de la liberté procède avec discernement, quand il n'est pas contenu par des lois vigoureuses! la liberté est une liqueur trop capiteuse pour les Français; elle a besoin d'être mitigée: il ne faudrait pas pourtant en faire de la piquette, comme trop de gens le voudraient.

Nous arrivons à cette barrière où Louis XIV, au retour d'une campagne glorieuse, reçut, sur un trône, les hommages et les félicitations de sa capitale. Hélas! plus d'un siècle après, en 1794, qu'a-t-on vu à la place de ce trône qui a donné son nom à la barrière? Ce n'était plus Louis XIV, ni sa race, qui régnait; c'était.... juste ciel! quel renversement produit une révolution désordonnée! A quel degré de turpitude elle fait descendre une nation! Un vil rhéteur, un avocat subalterne d'Arras, un neveu de Damien et digne de l'être, un polisson sans courage et sans talent, n'ayant de commun avec Cromwell que l'hypocrisie et la cruauté, ce rebut de l'ambition et du crime dominait où Louis XIV avait commandé! Un échafaud, tous les jours ensanglanté, s'élevait au lieu même où fut le trône de ce roi victorieux!

C'est là que j'ai perdu l'ami, le patron de ma jeunesse, le bon Longeville.

>   Auprès des nombreux compagnons
>   Qu'à la tombe avec toi le crime a fait descendre,
>   Cher ami! dors en paix tandis que nous souffrons.
>   De ceux qui t'ont proscrit les discours furibonds,
>   Pour demander du sang, ne se font plus entendre;
>   Mais sous d'autres fléaux, hélas! nous gémissons.
>   Un soldat parvenu, se croyant Alexandre,
>   Sur ses pas destructeurs traîna nos bataillons;
>   Et la France, épuisée en exploits vagabonds,
>   Attaquée à son tour, ne peut plus se défendre.
>   A des flots d'étrangers il a fallu se rendre :
>   L'honneur est dans les cœurs, la honte est sur les fronts;
>   Et plus d'un citoyen, humilié de tendre
>   Une main valeureuse aux fers que nous portons,
>   Envie, en frémissant, le repos de ta cendre.

Je ne suis pas de ce nombre. Je trouve que, dans quelque situation que l'on soit, la vie est bonne à quelque chose.

J'ai toujours été frappé de ce trait sublime de Lemière dans sa tragédie de Barnewelt. Pour engager celui-ci à échapper à l'échafaud par la mort, on lui dit :

« Caton se la donna. »

il répond :

« Socrate l'attendit. »

Si Caton avait eu le courage d'attendre, il aurait peut-être concouru à relever cette liberté dont il pleurait la chute. Que de grands hommes malheureux se sont trop hâtés de prendre un parti désespéré! C'est quand l'opprobre se joint au malheur qu'un tel parti est nécessaire; mais quand l'honneur reste debout au milieu des ruines de la prospérité, tout n'est pas perdu, et il y a quelque chose de noble à se mesurer avec une ennemie telle que l'adversité. N'est-il pas plus glorieux de vaincre l'adversité que d'être vaincu par le désespoir?

Ces réflexions ne m'empêchent pas d'apercevoir que nous approchons de Vincennes.

VINCENNES.

Il appartenait à Louis XI de transformer en prison le lieu où naquit et mourut Charles V. Mazarin y expira. Quelle histoire que celle de Vincennes, depuis Saint-Louis rendant la justice au pied d'un arbre, jusqu'au duc d'Enghien adossé au mur d'un fossé pour recevoir une décharge de mousqueterie dans la poitrine ! Je veux perdre ces idées funèbres en traversant ces vertes allées, ce bois qui, dans les beaux jours, est pour les bourgeois de Paris, salle à manger, salle de danse, quelquefois salle d'escrime, promenade, cabinet d'étude, chambre nuptiale, et souvent boudoir.

Il était superflu que le Diable boîteux,
    Pour découvrir mainte fredaine,
Décoiffât les maisons; il aurait pu sans peine
      Voir autant d'objets curieux
      Sous les ombrages de Vincenne.
Si, prenant une voix, ils pouvaient raconter
   Ce qu'ils ont vu, qu'ils en auraient à dire !
      Que de gens, pour les écouter,
     Perdraient l'habitude de lire !
Que seraient, en effet, près de pareils récits,
Journaux, pamphlets, romans, et tant d'autres écrits ?
     Chaque arbre aurait son auditoire ;
   Les plus anciens, comme les mieux instruits,
     Seraient aussi les mieux suivis :
     C'est là que des mœurs de Paris
     On viendrait apprendre l'histoire.
     Que de quolibets, que de ris,
Fournirait de ce bois la maligne mémoire !
     Sauf cependant quelques maris
      Qui, pour en avoir trop appris,
     Pourraient fort bien de ses taillis,
     Revenir avec l'humeur noire.

Ils en seraient quittes à meilleur marché que cet époux couronné qui habita, il y a douze cents ans, le village dont nous approchons, Chelles, fameux par son abbaye et par le séjour de Frédégonde.

CHELLES.

On ne trouve pas à Chelles le moindre vestige de son ancienne splendeur : rien n'y atteste la trace d'un opulent monastère, encore moins la richesse d'une résidence royale.

Mais si le temps a ruiné les édifices, la culture a embelli la campagne qui les environnait. Cette campagne n'est plus, comme du temps de Frédégonde, un amas impénétrable de ronces et d'arbres aussi vieux que le globe ; c'est une vallée riante, coupée par des ruisseaux bordés de saules et de peupliers.

> Cette plaine étendue et de fleurs émaillée,
> Qui se déploie aux yeux comme un lac verdoyant,
> Était jadis un bois dont l'épaisse feuillée
> De l'affreux Teutatès cacha l'autel sanglant.
> Sombre et sinistre bois ! tu servis un grand crime.
> A la place où tu fus, un signe accusateur
> De ce crime impuni flétrit encor l'auteur ;
> Une croix est dressée où tomba sa victime,
> Et d'un noir souvenir glace le voyageur.
> C'est là qu'à la faveur de ton ombre homicide
> Un adultère amant, par Frédégonde armé,

Portant sur Chilpéric une main parricide,
Paya de ce forfait la honte d'être aimé.

Frédégonde, après ce meurtre, devint aussi atroce que notre révolution après l'assassinat de Louis XVI. Qui peut retenir l'élan du crime quand il a rompu un pareil frein ? Tous les autres excès sont, pour ainsi dire, subalternes auprès de celui-là.

La civilisation a produit sur les mœurs les mêmes effets que la culture sur les terres.

Chelles a perdu, sous le régime de son abbaye, le souvenir de sa Sémiramis.

Cette abbaye était gouvernée par des princesses qui, dans l'asile de l'austérité, ne déposaient pas toujours la mollesse des palais.

On m'a parlé d'une abbesse aussi coquette qu'économe, qui prenait des bains de lait, et qui, pour ne rien perdre, en faisait faire de la soupe au couvent.

Je crois que l'avare Harpagon
Devant un pareil trait eût baissé pavillon,
Et n'eût jamais songé qu'on pût d'une baignoire
Tirer quelque chose de bon
Pour les tables d'un réfectoire.

POMPONNE. — LAGNY.

Laissons Chelles : un lieu moins grave se présente. S'il est connu, c'est moins par le ministre qui en porta le nom, que par son curé. Qui n'a pas entendu parler du curé de Pomponne? et qui ne sait pas sa chanson sur les mangeuses de pommes?

> Ce fruit, comme on le sait, est le fruit défendu;
>   Ève est la première personne
> Qui le goûta; son bonheur fut perdu.
>   Cet exemple, sans doute, eût dû
> Contenir l'appétit des filles de Pomponne;
>   Mais c'est en vain que leur curé
>   Les tança de leur gourmandise.
> Hélas! on a beau faire, il est trop avéré
> Qu'on ne peut empêcher que ce fruit ne séduise:
> Aussi! toujours le diable en a dans ses fruitiers.
> Du désir d'en manger en vain le sexe endève;
>   Le moyen de n'avoir plus d'Ève,
>   C'est de supprimer les pommiers.

Pomponne touche à Lagny, petite ville agréable que traverse la Marne, et dont les rues sont arrosées par une fontaine que la rancune des maris du pays a rendue redoutable à ceux qui, marchandant de l'orge sans avoir l'intention d'en acheter, faisaient allusion au duc de Lorge, qui prit Lagny et les femmes de vive force.

Ces indiscrets étaient plongés sans pitié dans la fontaine, pour leur apprendre à ne point plaisanter sur un cas qui n'est pas plaisant.

Le pont de Lagny est un de ceux que l'invasion de 1814 a fait détruire. Précaution inutile! Les Russes n'ont point paru à Lagny, et les habitans, qui craignaient un autre duc de Lorge, en ont été quittes pour la peur.

Les monumens de Lagny sont bientôt vus; la fontaine n'a de remarquable que l'abondance et la limpidité de ses eaux : à peu de distance de son bassin, est un ancien couvent de Bénédictins, qui paraît avoir été le plus bel édifice de la ville.

Nous avons visité ce séjour monastique,
  Veuf de ses habitans tondus :
  La pierre unie avec la brique,
S'arrondissant en arc, fait du cloître un portique
  Trop élégant pour des reclus.
  Mal habités et mal entretenus,
Ces bâtimens bientôt deviendront des ruines,
  Où des hiboux les cris aigus
  Remplaceront les cloches de matines.
Ceux qui, sous ces débris, reposent méconnus,
  En gémiront; et leurs ombres chagrines
Se lèveront la nuit pour soupirer dessus.

Voilà ce que Lagny aura gagné à laisser tomber son couvent de Bénédictins. Elle aurait pu en faire une manufacture; et au lieu d'ouvriers actifs et contens, elle n'aura que des fantômes plaintifs, chose plus inutile encore à la société que les moines.

Nous voilà sur la route de Crécy. Quel beau paysage! Que la Brie est riante! Les rives de la Loire n'offrent pas une plus féconde variété.

Les villages de Chessy, de Saint-Germain, sont comme des fabriques semées dans un vaste jardin anglais.

Chessy se distinguait jadis :
D'un enfant de Plutus c'était l'heureux domaine,
Bacchus, dit-on, s'y joignit à Cypris,
Pour égayer le maître une fois par semaine.
Maintenant l'ennui s'y promène ;
Plus de château, plus de jardins !
Ce beau parc est devenu plaine ;
Et la fière Cérès s'assied en souveraine
Sur les débris du luxe enfouis sous ses grains.

M. D'Harvalay, garde du trésor royal, était seigneur de Chessy. Le trésor qu'il gardait a eu le sort de son château ; celui-ci est tombé en poussière, et l'autre en loques ; car les assignats discrédités furent-ils autre chose que des loques ?

LE PONT-AUX-DAMES.

Nous gagnons le Pont-aux-Dames. Je cherche son abbaye, je n'aperçois qu'une grande porte délâbrée ; la moisson flotte où s'élevait l'église.

La charrue passe sur les tombes du cloître. Elle passe sur la tienne, jeune sœur Flavie, que la guimpe ne put garantir ni de la sensibilité ni du désespoir de Sapho ! Le bassin du jardin fut pour cette infortunée le rocher de Leucade. On l'y trouva un matin guérie des maux dont elle était venue y chercher le remède. J'ai entendu raconter dans mon enfance cette anecdote avec mystère, et je pleurais le malheur de Flavie sans en comprendre le motif.

Les couvens, sur la fin de leur existence, étaient

devenus un contresens avec nos mœurs et nos lumières. Des richesses immenses qui n'avaient que des usufruitiers, devaient finir par n'être pas plus inviolables que des traitemens qu'on réduit ou supprime à volonté. La propriété n'est stable que quand elle est incorporée avec les familles, et suit dans ses transmissions l'ordre de la consanguinité.

Mais revenons au Pont-aux-Dames, nom composé d'un *pont* que je n'ai point aperçu, et des *Dames* qui habitaient l'abbaye. Si ma mémoire ne me trompe pas,

> Elles suivaient les lois de cet abbé brûlot,
> Des guerres d'outre-mer provocateur dévot,
>   Qui de Cîteaux avait fait sa retraite,
> Cîteaux, lieu renommé par la liqueur extraite
>   Du fruit des ceps de Clos-Vougeot.

Le Pont-aux-Dames me donne une troisième occasion de parler de madame Dubarry. Ce fut le lieu de son premier exil après la mort de Louis XV.

Louis XVI, en abrégeant cette disgrâce, sembla pressentir qu'il ne fallait pas être sévère envers une femme qui, plus tard, devait, par sa mort, avoir avec lui une conformité de malheur.

Madame Dubarry est devenue personnage historique. Elle a passé pour être dénuée d'éducation; j'ai vu la preuve du contraire en 1790, dans une lettre de sa main à je ne sais quel contrôleur-général. Son écriture était fort jolie, sans fautes d'orthographe, et le style, celui d'une dame de cour qui tempère sous la grace la supériorité de son rang.

> Femme galante! si ta vie
> A fait gronder l'ami des mœurs,
> Ta mort l'a désarmé. Quelles sont les erreurs
> Qu'une si triste fin n'expie?
> Sans doute aussi pour toi le ciel moins rigoureux,
> Quand de tes jours on eut brisé la chaîne,
> Daignant t'admettre au séjour des heureux,
> T'aura placée auprès de Madeleine.

Je ne reverrai point à Crécy un abbé de Castelnault, oncle d'un de mes camarades de collége, qui se vantait d'être parent de la devancière de madame Dubarry, mais qu'il n'appelait point madame de Pompadour. Il lui rendait son nom de Poisson, pour appuyer sa parenté. Ainsi ce nom, dont le rappel était une injure pour la dame, devenait un motif d'orgueil pour son obscur parent. C'était pour lui comme le bâton de la bannière où flottait le surnom de *Pompadour*. Il tenait à honneur d'être du même bois que ce bâton. O vanité!

Une petite lieue sépare le Pont-aux-Dames de Crécy. Le cœur te bat à l'approche de cette cité qui t'a vu naître et polissonner, de ce Morin qui l'arrose, de ces côteaux qui la dominent, et où brillent le pommier en fleurs, le pampre qui produit le fameux vin de Brie, le noyer dont les feuilles naissantes se dessinent dans le lointain comme un globe d'un pâle pourpré.

CRÉCY.

Nous avançons; un cri part de notre voiture :
Crécy ! Crécy ! comme les marins, à la vue d'un continent, crient : terre ! terre !

La porte de Meaux est devant nous; porte non moins célèbre à Crécy que la porte de Cée à Pergame. Salut, berceau de nos pères ! salut, ville aux cent tours, comme Thèbes aux cent portes, citadelle ruinée des comtes de Champagne, vieux boulevard féodal ! je te revois après trente-cinq ans d'absence. Hélas ! ceux qui m'y recevaient n'y sont plus, mais nous appellerons leurs ombres au milieu de nous, et elles y resteront tant que durera notre visite aux lieux où ils ont vécu.

> Qu'aux ruines de Rome ou qu'aux champs de l'Attique
> Un autre aille, s'il veut, chercher des souvenirs,
> Et que de l'élégie il enfle les soupirs
> Pour honorer ces lieux d'une complainte épique !
> Je ne vais pas si loin : modeste en mes travaux,
> Je craindrais de fouiller aux mines de l'histoire;
> Ses métaux sont trop forts pour mes légers marteaux.
> Quand j'emprunte au passé des sujets de tableaux,
> Mon cœur seul est la source où puise ma mémoire,
> Et de ses sentimens mes vers sont les échos.
>   Rustique enceinte ! humbles tombeaux
> Où de nos bons aïeux gît la cendre ignorée !
> Ma muse à votre aspect se sent mieux inspirée
> Que sur la terre illustre où dorment les héros.

L'origine de Crécy se perd dans la nuit des temps.

La rivière du Morin, poissonneuse et navigable, à dû attirer sur ses bords les premières peuplades gauloises : c'était peut-être une métropole des Druides. Les légions de César ont dû la traverser, comme l'ont fait deux mille ans après celles de l'empereur de Russie. Je ne sais si les Romains ont été aussi insolens que les Cosaques ; César a oublié de le dire dans ses Commentaires.

La première rue de Crécy, en entrant par la porte de Meaux, mène sur la place publique, moitié carrée, moitié circulaire, environnée d'édifices inégaux, pour la construction desquels on s'est passé des leçons de Vitruve.

   Ce n'est pas pour des grands qu'ils ont été bâtis ;
      Vous y voyez modestement blottis
      Des artisans diversement utiles.
     Sur ses genoux l'un bat ou coud le cuir,
        L'autre tond sous ses doigts agiles
Un menton basané qu'il prétend rajeunir.
      Sur le fer brut que l'étau pince,
      Ici la lime glisse et grince.
Là, l'aiguille à la main, sur ses talons assis,
Un tailleur fait le frac d'un fareau du pays,
L'épicier se rengorge au fond de sa boutique.
Le vannier, sur sa porte, en ordre symétrique,
Range avec ses panniers des faisceaux d'échalas.
       En guirlandes de cervelas
Un fabricant de lard décore son portique.
Des marchands de Crécy les modestes comptoirs
Ne sont pas, comme ailleurs, déguisés en boudoirs ;
La femme en bonnet rond, et de toile vêtue,
Ne sait point, par le jeu de ses yeux bleus ou noirs,

Agacer les chalands qui passent dans la rue.
Au lieu de lampe astrale au plafond suspendue,
Le coton dans le suif brûle encor tous les soirs.
Comme on les a reçus, on garde ses manoirs ;
Et d'un luxe trompeur ignorant les rubriques,
C'est par la probité qu'on se fait des pratiques.

Entrés dans Crécy, il faut se loger. Le toît paternel a passé en d'autres mains. L'auberge est notre ressource ; l'enseigne de Saint-Pierre est la plus renommée. La porte cochère roule sur ses gonds rouillés ; elle reçoit avec étonnement notre char ultramontain. Jamais cette porte, remise unique de l'hôtel, n'avait été jusque-là le tabernacle d'une calèche.

Ta reconnaissance avec la vieille aubergiste, madame Hulliot, a été un coup de théâtre. Avec quelle avidité elle a entendu ton histoire ! et quel pathétique en te contant la sienne ! comme elle s'est animée à l'article des Cosaques qui l'ont pillée, et surtout à l'aventure de sa pauvre nièce ! J'ai encore présens ces mots :

« Ma nièce vous dira les maux qu'elle a soufferts.
« La pauvre femme ! elle en a vu de rudes.
« Les cosaques, gibiers d'enfers,
« Se sont à son égard, suivant leurs habitudes,
« Conduits comme des lucifers.
« Quoique, dans ces momens atroces,
« On fît avec ces estafiers
« Vingt mariages journaliers,
« Je vous réponds qu'on n'était pas aux noces »

« Ce temps est passé, n'en parlons plus. Vous
« n'êtes pas venus ici pour vous attrister. Allez pro-
« mener; je vais m'occuper de votre souper. »

Il est inutile que je te rappelle notre visite à la Lucrèce dont madame Hulliot nous avait parlé, et qui, toujours tourmentée du souvenir de ses Tarquins, répondait à tes consolations : *Cela vous est bien aisé à dire, vous n'y avez point passé.*

Notre essor est pris, la maison paternelle est vue et regrettée; tout y est méconnaissable.

Nous traversons le bourg. Une curiosité nous attend; c'est la maison du docteur Guillonet, naturaliste octogénaire, qui soigne la santé des plantes comme celle des hommes, sinon avec un égal bonheur, du moins avec un égal zèle.

 Son jardinet, soigneusement planté,
  Moitié léché, moitié grotesque,
  Est comme le style apprêté
  Qu'on marie au style burlesque :
 Il est piquant par sa variété.
Les plantes de l'Asie et celles d'Amérique
  Y vivent en communauté
  Avec les végétaux d'Afrique.
Sous des mailles de fer, vingt oiseaux prisonniers
Joignent leur voix aux chants des hôtes du bocage.
Une allée au cordeau conduit à des sentiers
  Dont les détours irréguliers
Mènent le promeneur sur un joli rivage
Que baigne le Morin de ses flots familiers.
  Dans ce musée on doit s'attendre
A trouver, à côté du règne végétal,

Quelques sujets choisis du règne minéral ;
Ils y sont en effet ; mais on ne sait où prendre
    Les sujets du règne animal.
Pour un docteur pourtant c'est chose nécessaire.
Plus d'un échantillon des gens qu'il a traités
Eût pu de son musée enrichir l'inventaire ;
Je ne suis pas surpris qu'il les ait écartés.
En effet, quand la mort lui souffle des pratiques
De quel emplacement n'aurait-il pas besoin
    S'il voulait se donner le soin
    De loger chez lui leurs reliques ?

Nous passons de chez M. Guillonet sur la route de la Chapelle.

Nous entrons dans ce village, où tu fis chez le notaire Bertin l'apprentissage de griffonner, où le père Bachelet, ton ancien professeur, est curé après avoir été minime. Il a pour presbytère une maison de jardinier dans un reste du château. J'ai vu dans sa chambre, fort proprette, plus de verres à boire que de livres. L'étude, en effet, ne donne pas toujours ce qu'on trouve le plus souvent au fond d'un verre, l'oubli des misères humaines. Il y a, pour beaucoup de gens, dans une bouteille, plus d'élémens d'idées et de philosophie que dans le plus épais volume.

L'entrevue terminée, les invitations à souper faites, les œillades de la nièce du curé distribuées, et sa préférence pour Natal manifestée, nous sortons par la cour du château que la révolution a transformé en ferme.

Vous y voyez des charretiers au lieu de laquais, des charrues, des charrettes au lieu de carrosses, et de grosses filles de basse-cour au lieu de jolies femmes de chambre. Il n'y a rien de fâcheux à ces métamorphoses.

Le soleil descend sous l'horizon et nous rappelle à Crécy, pour aller au clos paternel, où tu revois les cerisiers insultés jadis par l'avide Limousin, qui sans doute aujourd'hui ne les respecte pas davantage, quand ils ont du fruit.

Tu reconnais la trace du jeu de boule créé par ton frère Joseph, qui repose non loin du lieu où il s'est amusé.

Nous allons la voir cette dernière demeure qu'il partage avec nos ancêtres : c'est elle qui nous a attirés à Crécy. Le jour est tombé; voici l'heure silencieuse qui nous convient, pour contempler la terre où sont enfouies les souches mortes d'où nous sommes sortis.

Reconnais-tu cette porte de deuil? cette clôture basse qui, au pied de la montagne de Tigeau, entoure un clos bien différent de celui que nous venons de voir?

Champêtre asile d'un repos
Dont la durée est éternelle,
Où, tous les ans, pour cacher les tombeaux,
Complice de l'oubli, l'herbe se renouvelle!
Enseigne-moi la place qui recèle
Nos parens morts dont tu reçus les os.
Nulle trace ne la révèle;

A SAINT-FIACRE.

Mais de nos cœurs le souvenir fidèle
Nous tiendra lieu, dans ce lugubre enclos,
D'un monument qui les rappelle.
Arrêtons-nous, voyageurs attendris.
A nos pères ensevelis,
Rendons sur leur poussière un filial hommage.
Les Turcs font à la Mecque un saint pélerinage.
La tombe des parens est la Mecque des fils.

C'est ici la nôtre. Mânes qui nous y avez attirés, planez autour de nous! Bénissez vos enfans qui viennent pleurer sur votre sépulture. Leur présence ici vous atteste que, si vous n'habitez plus cette terre, vous vivez dans la mémoire de ceux que vous y avez mis. Vous fûtes simples, vertueux et utiles; votre vie s'est écoulée comme l'onde pure qui fertilise ses rivages. Vos exemples n'ont point été perdus pour votre postérité; puissent-ils ne pas l'être davantage pour la nôtre!

Cette station sentimentale est suivie de notre rentrée en ville. Notre hôtellerie nous reçoit, la table se dresse, les bougies de suif brillent, nos convives arrivent, et, après le piquet du curé qui était de rigueur avec le père Bachelet, le banquet commence. Qu'en dirons-nous? c'est un repas de théâtre; il n'y a manqué que des chansons.

Vois-tu ta sœur grondant sa fille,
Nous dénoncer le goût qui l'émoustille
Pour la parure et pour le bal?
Entends-tu le joyeux Natal
Se charger, en buvant, d'égayer la famille?

La nièce du curé, vois-tu son œil qui brille
  En lorgnant ce gros jovial?
Le bon curé lui-même, en ce doux bacchanal,
Pendant que Natal rit, que sa nièce babille,
Du jour maigre distrait, commet l'oubli fatal
De manger du pigeon comme un tronçon d'anguille.
  Voici le punch! Notre acteur principal,
De ce ton cavalier qui dénote un bon drille,
  En verse à la nièce gentille,
  Qu'il affriande à ce régal.
  Comme l'esprit, le cœur sautille;
Sous le voile des ris le sentiment scintille.
Natal a lieu de voir qu'il n'est pas trouvé mal,
Que son air fait fortune; et de fil en aiguille,
L'agaçante gaîté du tendron curial
Le conduit à penser que ce feu qui pétille,
Allumera, s'il veut, le flambeau nuptial
  Dans le pays de la PAMPILLE.

Pampille est un mot que l'autorité de l'usage n'a pas encore fait insérer dans les dictionnaires. Il signifie, à Crécy, rognures de morues. Il est bon que l'on sache que ces rognures sont les armoiries de la ville. Pourquoi les issues de morues n'auraient-elles point place dans les figures hiéroglyphiques du blason, comme les ailes de griffons et les pattes d'oies? L'écusson de Meaux est un chat, animal très-friand de *pampille*, ce qui supposerait que dans l'antiquité cette ville a convoité Crécy, et que peut-être les Meldois se sont conduits envers ses habitantes comme les Romains envers les Sabines.

L'humeur de Natal pendant le souper me ferait croire qu'il descend de ces Meldois; et j'augure à celle de la nièce, qu'avec un pareil chat elle ne s'effraierait pas du sort de la *pampille*.

Les plus douces réunions, les plus vifs plaisirs ont un terme ; il faut toujours finir par se séparer et se reposer ; c'est ce qui nous est arrivé à minuit.

Je regrette que le lendemain tu ne nous aies pas suivis dans notre excursion sur les hauteurs de Tigeau. Je ne connais pas de site plus délicieux ni plus pittoresque.

L'endroit hérissé de roches, d'où l'on descend dans la prairie baignée par le Morin, et d'où l'on voit La Chapelle, Saint-Martin, Tigeau, offre une perspective moins magnifique, mais plus suave que celle qui se découvre de Meudon, de Saint-Cloud, et de Saint-Germain. L'une est un grand air, l'autre une romance.

> Si, dans cet aimable séjour,
> Un Pétrarque de Brie eût conduit une Laure,
> Il l'eût rendu célèbre, et de ses chants d'amour
>   Les curieux viendraient voir tour-à-tour
>   Si les échos se souviennent encore.
>   Je crois bien que plus d'un amant
>   A joué dans ce lieu charmant
> Quelques-uns des doux jeux de Pétrarque à Vaucluse.
> Hélas ! dans quel pays n'en fait-on pas autant?
> Ces plaisirs sont partout, mais où trouver sa muse?

Si j'avais le spleen, c'est dans la campagne de Tigeau que j'irais chercher ma guérison. Je conseille cette recette aux Anglais ; ils s'en trouveront aussi bien que des vallées de la Suisse.

L'appétit excité par l'air de la montagne nous indique aussi impérieusement la salle à manger, que l'aiguille aimantée indique le pôle. Dociles à cette direction, nous allons te rejoindre pour déjeûner.

Vois Natal le pétulant
Dans son gosier donner place
A du mouton succulent,
Qu'en sa bedaine il entasse
Avec du lard jaunissant,
Dont un charbon pétillant
A rissolé la surface.
Sur l'œuf frais tu fais main basse ;
Tu joins à ce mets friand
Une crépinette grasse,
Du boudin appétissant,
La chair du radis piquant,
Et ce fromage excellent,
Dont la renommée efface
Tout fromage différent.
Tu finis par une tasse
D'assez bon café fumant.
Moi spectateur, ricanant,
Tour-à-tour buvant, mangeant,
Je m'amuse à voir la face
Du Silène trébuchant
Qui vint inopinément,
Pour son frère à la besace,
Solliciter ton argent.
Je vois encor la grimace
Qu'il te fit en nous quittant.
 Enfin arrive l'instant
Que Rabelais craignait tant,
Et dont on se débarrasse

A SAINT-FIACRE.

Avec de l'argent comptant.
Cet instant critique passe;
Et nous repartons gaîment
Pour Saint-Fiacre où nous attend
Une souche de ma race,
Que mon souvenir tenace
Vient disputer au néant.

Nous grimpons la montagne dont le pied s'appuie sur la route de la Chapelle ; arrivés au plateau, suans, soufflans, nous faisons une pose pour reprendre haleine et essuyer nos fronts; puis jetant nos derniers regards sur Crécy, nous lui envoyons nos adieux à peu près en ces termes :

Adieu, Crécy, ville ignorée,
Quoiqu'aussi riche en bastions
Que la ville tant célébrée
Dont Pyrrhus brûla les maisons !
Adieu, bicoque où les Cosaques
Ont traité les lits nuptiaux
Comme le furent tes créneaux,
Qu'ébréchèrent dans leurs attaques
Les guerriers des temps féodaux.
 Mais la conduite un peu brutale
Des Tarquins du Nord descendus,
N'est pas, dans tes murs corrompus,
 La seule source de scandale.
Un bruit court, cité cantonale,
Qu'en fait de plaisirs défendus,
Tu tranches de la capitale,
Et que sous la loi conjugale
Il entre, pour une vestale,
Quinze ou vingt qui ne le sont plus.

Adieu donc, bourgade mondaine,
Lieu dissipé, Ninive naine,
Où les mœurs n'ont pu se fixer,
Et qu'un Jonas viendrait tancer,
S'il ne craignait pas la baleine!

SAINT-FIACRE.

Espérons que Saint-Fiacre au moins aura échappé à la contagion, et que la pureté des mœurs antiques n'est pas effacée dans le village qu'un saint et mon grand-père ont choisi pour leur retraite.

Malgré les mauvais chemins, notre caravane arrive à ce dernier terme de notre pélerinage. Notre voiture s'avance sur la place, au grand étonnement des habitans, qui la regardent comme une curiosité. Ainsi nos vaisseaux étonnent les sauvages dans les îles peu fréquentées des navigateurs.

Il n'y a plus du couvent célèbre de Saint-Fiacre qu'un portail délabré, dont mon fils a pris le croquis au milieu d'un groupe de curieux, fort surpris de voir transporter sur un petit carré de papier le plus grand monument de l'endroit.

Ce portail est encore orné de la figure mutilée de saint Fiacre armé de sa bêche.

Ce saint, prince émigré d'Écosse, ayant eu la fantaisie de vivre en anachorète, pria saint Faron, riche abbé des Bénédictins de Meaux, dans le septième siècle, de lui accorder, dans un de ses bois, toute la partie de terrain dont il pourrait couper les arbres en une journée, afin d'y bâtir un hermitage.

Saint Faron ne crut pas s'engager beaucoup en le laissant faire, et s'imagina qu'il en serait quitte pour quelques arbres et l'emplacement d'une chapelle : c'était avoir, dans ses domaines, un saint homme à bon marché. Mais il ne se doutait pas que l'ermite écossais serait aidé par des bûcherons célestes, je veux dire par des anges. Un seul coup de hache ou de bêche suffisait pour abattre le plus gros chêne : vous concevez que l'abatis dut être considérable. Il fut surpris dans cette expédition par une femme du pays, qui lui dit : Je vais apprendre à monseigneur Faron le dégât que vous faites dans sa forêt. — Tais-toi, *Becqueneau*, lui répliqua le saint en poursuivant sa besogne. — Depuis ce temps, on appela *Becqueneaux* les femmes qui parlaient sans réflexion. C'est encore un sobriquet usité dans le pays, où il y a, comme ailleurs, beaucoup de becqueneaux.

Quand saint Faron apprit le miracle, il fut plus édifié que fâché. Saint Fiacre eut un espace suffisant pour élever un grand monastère ; et saint Faron lui céda des moines pour le peupler.

La renommée du fondateur attira un grand concours de fidèles, surtout après sa mort et sa canonisation.

Il eut le titre de patron de la Brie.

On montrait de mon temps, dans son église, un grès sur lequel il s'était assis, et qui, par respect, s'amollisant sous cet auguste poids, prit et conserva la forme d'un coussin affaissé.

Ce grès était devenu un siége auquel on attribuait la vertu de prévenir ou de guérir certaines incommodités locales qui menaçaient ou affligeaient la partie qu'on posait dessus. Ma mère s'y est assise avec beaucoup de foi, j'étais à côté d'elle, et elle m'a dit, depuis, que je devais à cela d'avoir peu connu le genre d'indisposition dont ce grès merveilleux était le préservatif ou le remède.

Quand nous fûmes sur la place qui est en avant de l'église, je me dis :

> Le voilà, ce joli village
> Où le patron des jardiniers,
> La bêche en main, créa cet hermitage,
> Dont saint Benoît fit un de ses moutiers !
> De Meaux à soixante ans déplaçant ses foyers,
> Mon aïeul vint ici vieillir avec sa femme,
> Croyant que sur le sol par saint Fiacre bêché,
> On trouvait, moins qu'ailleurs, la ronce du péché,
> Et qu'il serait plus sûr du salut de son ame.

Hélas ! il n'y rencontra pas celui du corps. Une maladie lente lui fit, après deux ou trois ans, trouver la tombe où il était venu chercher une retraite de plaisance. Ma sœur lui avait ouvert cette triste route, et il disait souvent dans ses souffrances : *J'entends ma petite fille qui m'appelle.* Il ne tarda point à l'aller rejoindre.

Le but de notre voyage était d'aller reconnaître et honorer la sépulture de ces deux êtres chéris, dont personne au monde ne se souvient que nous.

Un demi siècle a passé sur la place qui a couvert

leur dépouille. Nous avons seulement foulé la terre dans laquelle elle s'est confondue.

En parcourant l'étroit cimetière qui rapprochait la famille vivante de la famille morte, j'ai dit :

  Salut ! funèbre enceinte,
  Où, depuis cinquante ans,
  Dort une sœur éteinte
  Avant ses huit printemps ;
  Où près d'elle repose
  L'aïeul tendre et souffrant
  Dont le regard mourant
  Vit tomber cette rose
  Sous ce fatal tranchant,
  Dont le faible s'effraie,
  Et qui, toujours marchant,
  Coupe en un même champ
  L'arbuste et la futaie.
  O mon père, ô ma sœur,
  Venez de votre sphère
  Dans ce lieu funéraire
  Contempler la douleur
  Et d'un fils et d'un frère.
  L'oubli, fleuve bourbeux,
  Sur ceux que la mort frappe,
  Étend comme une nappe
  Ses flots injurieux ;
  Votre mémoire échappe
  A ce destin honteux.
  A votre nuit profonde,
  Nous vous arracherons,
  Et vous vivrez au monde
  Tant que nous y vivrons.

Quelque soit l'intérêt qui nous ait amenés dans la demeure finale des habitans de Saint-Fiacre, nous ne pouvions pas y passer de longs momens; car notre sensibilité ne va point jusqu'à se faire du séjour des tombeaux un lieu de volupté funèbre. Notre muse élégiaque n'est pas une abeille qui n'aime à butiner que sur les fleurs des cimetières. Elle ne répugne pas à y chercher une partie de son miel, mais elle n'y recueille pas tout.

Nous avons pris la route de Meaux sous la conduite d'une veuve dont le mari était mort victime de la soif des cosaques. Il a rendu, nous disait-elle, le dernier soupir en voyant disparaître sa dernière feuillette.

Elle prétendait que ce malheur ne serait pas arrivé, si saint Fiacre n'avait pas abandonné le village à son mauvais sort, depuis qu'on a détruit son couvent et dispersé ses moines. Les cosaques, ajoutait cette femme, n'auraient pas eu beau jeu, si notre patron avait été pour nous.

> Alors, ce patron peut-être
> Du ciel serait descendu,
> Pour jeter par la fenêtre
> Maint cosaque pourfendu,
> Surpris de trouver un maître
> Dans un moine au front tondu.
> Avec la bêche divine,
> Qui d'un seul coup séparait
> Un arbre de sa racine,
> Saint-Fiacre sans doute aurait

Disloqué plus d'une échine.
Une telle arme en ses mains,
Pour remporter la victoire,
Eût bien valu la mâchoire
Si fatale aux Philistins.

Notre guide nous a laissés à Fublaine, village perché sur une éminence, et autrefois honoré d'une métropole de Minimes, dont il n'y a plus que des ruines. Les métropoles des Minimes tombent avec le temps comme les murs du Capitole.

C'était le dimanche; les naturels se délassaient assis à la porte de leurs cabanes, en attendant l'heure de la danse.

Mungo Park, avec sa figure blanche, n'étonnait guère plus les noirs de l'Afrique, que nous n'avons étonné les blancs de Fublaine avec notre équipage.

Mais nous ne trouvions pas, comme lui, des princes et des rois qui, le recevant avec ses habits, le renvoyaient en chemise. Notre garde-robe est restée entière.

A la vue de Fublaine est Monceau, ancienne propriété du prince de Conti, occupée autrefois par la belle Gabrielle.

Le moyen de passer si près d'un lieu qui rappelle Henri IV, sans offrir un hommage à ce prince! Son nom est inspirant comme une mythologie.

Henri! roi méconnu par une ingrate cour,
Délices des Français, des guerriers et des belles,
Sultan sans despotisme et plus fait pour l'amour

Que le sultan des Dardanelles !
Prince aimable, intrépide, à jamais regretté !
Ton nom ne cessera d'être en tous lieux porté,
Que quand le Temps perdra ses ailes.

Il n'y a qu'un pas de Fublaine à Triport, autre colonie plus civilisée, parce que, placée sur la grande route, elle est accoutumée à voir plus de voyageurs.

Cette route, si nous la remontions deux lieues, nous mènerait à ce village aussi fameux dans notre famille que Bethléem dans l'histoire sainte. Ce village vit téter l'un de nous.

C'est à Sameron
Que ce fier garçon,
Natal le luron,
Fut le nourisson
D'une paysane
Digne en son canton
D'avoir le renom
De l'altière Jeanne,
L'effroi d'Albion.
Par cette amazone
Natal allaité
Respirait Bellone,
Même emmaillotté.
  Quand il fut en âge
De suivre un drapeau,
Un destin bourreau,
Cloua son courage
Au fond d'un bureau.
  Mais ce dur supplice
N'a point effacé

Ce goût de milice
Que de sa nourrice
Il avait sucé.
  La paix sur la terre
Lui rit aussi peu
Qu'un ciel sans tonnerre.
Le bruit est le jeu
Qui plaît à mon frère ;
Et dans aucun lieu,
Nul ne fut, morbleu !
Plus foudre de guerre....
Au coin de son feu.

Triport doit son nom au triple port dont il est enrichi par la Marne. Il avait un beau pont de pierre, premier ouvrage de Perronnet, qu'on fit sauter en 1814 pour arrêter la marche des Russes sur Paris, où ils n'en arrivèrent pas moins.

Ses débris sont dans la rivière.
Des pierres sans se désunir
La masse tomba presque entière
Dans les eaux qu'elle fit mugir.
Ce pont jeté hors de sa base,
  Est comme un prince détrôné,
Et les flots souillent de leur vase
Ces arceaux qui sur eux ont long-temps dominé.
  Grande image du sort tragique
Qui, frappant de vingt rois le fier dominateur,
  L'a du sommet de la grandeur
Précipité captif sous le joug britannique !

La route de Triport à Meaux était autrefois une

promenade comme les allées de Vincennes et de Saint-Denis; elle est défigurée par les campemens des étrangers et par les travaux du canal de l'Ourcq.

Je n'ai plus revu dans la plaine du côté de Poincy les ruines d'un vieux château fort, qui, dans mon enfance, passait pour un rendez-vous de revenans. On disait aussi que le diable venait y gratter toutes les nuits. Ce château, debout et armé, a fait moins peur aux ennemis que ne m'en faisait le seul pan de muraille qui était resté. Le nom du diable et des revenans aurait mieux défendu cet informe amas de pierres de mes attaques et de mes approches, que n'eût fait le fort tout entier avec ses tours, ses créneaux, ses fossés, ses ponts-levis et sa garnison.

MEAUX.

Il y avait à l'entrée de Meaux une petite chapelle de Saint-Lazare, que je respectais beaucoup dans mon jeune âge; on en a fait une grange : c'était un reste de ces lazarets établis jadis hors des villes pour y recueillir les lépreux qui revenaient des croisades. Je regrette ces anciens monumens, qui rappelaient ce temps où un pieux délire précipita l'Europe guerrière sur la paisible et aride Palestine, et fit trouver à tant de braves leurs tombeaux à côté de celui qu'ils allaient conquérir. Enfin Meaux nous reçoit.

Par le faubourg Saint-Nicolas
Nous pénétrons dans cette ville,

Premier théâtre des ébats
De mon enfance un peu débile.
C'est là que, comme Éliacin,
Après avoir appris à lire,
La main d'un frère ignorantin
Dressa la mienne à l'art d'écrire,
Et qu'assez hardi pour tenter
La rude mer du latinisme,
Je m'y lançai, non sans heurter
L'écueil fréquent du solécisme.
C'est là que d'austères pédans
Ont tarabusté ma jeunesse,
Pour avoir eu, vers dix-sept ans,
Quelques symptômes de tendresse
Assurément bien innocens.
Hélas! celle qui les fit naître,
De ses yeux ignorant l'effet,
N'est parvenue à le connaître
Que par le bruit qu'on en a fait.
Ainsi, ceux dont l'humeur sévère
Se gendarma contre mon feu,
M'ont, en divulgant ce mystère,
Sauvé l'embarras d'un aveu
Que je n'aurais pas osé faire.

Nous passons sous la porte Saint-Nicolas, arc de triomphe bourgeois qui remplace une vieille entrée de forteresse, et sur lequel on lit que Meaux est la première ville qui se soit soumise à Henri IV. Elle a raison de s'enorgueillir de cette action, qu'elle doit mettre à côté de l'honneur d'avoir servi de refuge à Charles V contre les entreprises de Charles le Mauvais.

Meaux fut une des premières places fortes de la Champagne; elle a soutenu une infinité de siéges dans les discordes féodales, non moins fréquentes que celles des républiques de la Grèce, qui, sous la bannière de la liberté, se dévoraient les unes les autres. Les jalousies entre les petits seigneurs ont les mêmes inconvéniens qu'entre les petits états. La liberté est aussi querelleuse que le despotisme; elle a besoin de frein comme lui.

Nous logions près du quartier de ma nourrice, la mère Bacouet, que j'aurais vue, si elle avait pu m'attendre avant de mourir.

> Toi de qui la substance, en lait élaborée,
> S'est mêlée à mon sang, par ma bouche aspirée,
>   Seconde mère d'un vieux fils!
> Ainsi que la première, hélas! je t'ai perdue;
> Et je regrette bien, passant dans ton pays,
>   De ne pouvoir y réjouir ta vue
>   D'un nourrisson en cheveux gris.

Si ma mère eût vécu, c'est chez elle que nous serions descendus.

Je n'ai plus de famille dans cette ville où je suis né. Mon père y repose, mais on a fait un chantier du lieu de sa sépulture. Mes pieds n'ont pu fouler la place qui le couvre. Ma mère n'est pas à ses cotés; morte à Paris, trente-huit ans après lui, elle est confondue dans les générations éteintes de cette grande cité, comme je le suis, jusqu'à nouvel ordre, dans sa population vivante.

A défaut de parens, il m'eût été agréable de revoir celle qui, sans le savoir, me fit sentir à dix-sept ans que cette moitié du genre humain, tant vantée par les poètes, avait en effet un prix qui justifiait leur exaltation.

Mais hélas! cet objet de mes premières rêveries sentimentales n'était plus, la terre couvrait la beauté qui me paraissait faite pour régner dessus. Elle n'avait plus qu'une tombe, celle à qui j'aurais érigé un trône!

C'est à elle que ma muse écolière a consacré ses prémices. J'ai, depuis mon retour, cherché dans mes papiers si je n'en trouverais pas quelques débris.

Voici ceux que j'ai exhumés de mes catacombes lyriques; ils peignent l'état où je me trouvais au collége, quand le diable a commencé à me tourmenter.

> Pourquoi mon esprit à l'étude
> A-t-il cessé de s'attacher?
> D'où me vient pour la solitude
> Ce goût qui me la fait chercher?
> Je rêve; la mélancolie
> Fane la fleur de mon printemps;
> Dans moi les ressorts de la vie
> Sont détendus et languissans.
> De mes turbulens camarades
> Je ne partage plus les jeux,
> Ils agacent mes sens malades.
> Une vague image à mes yeux
> Toujours belle, toujours errante,
> Paraît, passe et se représente
> Comme un fantôme vaporeux.

Amour ! l'objet de mon délire
M'apprend que je ne suis pas né
Pour résister à ton empire.
Saints autels ! mon cœur entraîné
Par un penchant irrésistible
Ne sera jamais enchaîné
Par le serment d'être insensible.
Ici, reclus infortuné,
Plongé dans un travail aride,
Comme le ver emprisonné,
Je file une soie insipide.
Dans la coque où je suis logé,
J'attends, captive chrysalide,
Qu'en papillon je sois changé.
Alors je vole où tu m'appelles ;
Alors, ô la belle des belles,
O Lise ! ô charme de mon cœur !
Tu seras la première fleur
Où j'irai reposer mes ailes.

Ces vers me dispenseront de faire une élégie sur la mort de celle qui les a inspirés.

Sans elle, j'aurais peut-être suivi l'état ecclésiastique, qui ne me convenait pas. Je dois à cette première étincelle de tendresse ma liberté, ma femme et mes quatre enfans. Ce n'est pas être trop mal payé de ma sensibilité.

Meaux est une ville ouvrière ; les propriétés de ses habitans sont dans leurs bras ; ils se ressentent de l'aisance que les ventes des biens nationaux ont donnée aux campagnes. Les paysans achètent et font travailler : ils rapportent à l'industrie des bourgeois ce qu'ils reçoivent d'eux pour les fruits de leurs champs. Le travail est ce qui anime les rues de Meaux. Point d'affluence; chacun est chez soi à gagner son dîner, ensuite son souper. Il n'y a de répit que les heures de repas et de sommeil. Un paresseux est honni. L'aspect de ce mouvement m'a inspiré ce petit hommage au travail.

> Travail! véritable enchanteur,
> Qui du globe fais une scène
> Digne d'avoir pour spectateur
> Le grand être son créateur;
> Bienfaiteur de la race humaine,
> Tu fais sa gloire et son bonheur;
> Toi seul rends les hommes utiles.
> Tu conquis les landes stériles
> Pour le soc du cultivateur;
> Tu rangeas les mers indociles
> Sous les lois du navigateur;
> Des ports, des hameaux et des villes,
> Tu fus le premier fondateur.
> Aux productions les plus viles,
> Tu sais donner de la valeur.
> Roi des métaux, l'or séducteur
> N'a que par tes creusets habiles
> Connu ses titres de grandeur.
> Sans toi, le diamant superbe
> Ne serait pas plus en honneur
> Que le caillou caché sous l'herbe.
> Tes autels contre le malheur
> Sont un abri consolateur.
> Ton souffle écarte la misère,
> Le vice craint de t'approcher;
> Qui te sert, est lent à broncher
> Dans l'habitude de bien faire.

Tu civilisas les humains;
Source de force et de richesse,
Les peuples et les souverains
Seraient, sans tes puissantes mains,
Dans l'indigence et la faiblesse.

Nous avions dans notre auberge un homme qui ne faisait pas autant de cas que moi du travail. Ancien militaire amateur, il vivait du souvenir de ses campagnes, et croyait avoir rempli sa tâche, quand il les avait racontées.

Sa chambre est une espèce de Panthéon des guerriers. Il l'a tapissée de leurs images, et il y brûle des amorces en guise d'encens.

Chaque ville a produit des hommes plus ou moins remarquables.

Je ne parle pas de Bossuet, dont Meaux fut le siége et non le berceau. Mais si, après ce grand général de l'armée littéraire, il est permis de nommer un soldat, je citerai l'auteur Sauvé de la Noue, honnête homme, quoique comédien, qui eut le courage de mériter l'estime qu'on refusait à sa profession. Nous lui devons la *Coquette corrigée* restée au théâtre.

Lanoue à Meaux avait un frère,
Qui, d'acteur et d'auteur dédaignant le métier,
Dans la boutique de son père
Apprit celui de chapelier.
Tandis que l'un, courant de province en province,
Sémillait en marquis, se pavanait en prince,
Dans sa ville cloué, sans se risquer dehors,
L'autre chez lui retapait ses castors.

A SAINT-FIACRE.

  L'acteur, sans être polygame,
  A mainte héroïne de drame
Offrit ses vœux et les vit exaucés ;
Le chapelier n'eut jamais qu'une femme,
  Et trouvait que c'était assez.
Les deux frères sont morts, Dieu veuille avoir leur ame !
L'un n'est pas oublié sur le Pinde français ;
L'autre n'a pu survivre aux chapeaux qu'il a faits.

Meaux peut encore se vanter d'avoir vu naître une femme distinguée sous le règne de Louis XIV.

Elle se nommait Mademoiselle Chéron, peintre en émail, peintre d'histoire, poète et musicienne.

Il ne lui a manqué, pour être plus connue de la postérité, que d'être jolie et galante. La sagesse des femmes ne survit guère à elle-même : elle se passe de renommée. Il n'y a de vertu immortelle que celle des Lucrèce ; encore faut-il des Brutus qui, en pareil cas, chassent des rois pour venger un mari.

Il y avait encore à Meaux, de mon temps, quatre Chéron, qui sans doute appartenaient à la famille de notre muse, et qui ne s'en doutaient guère.

Jamais lyre ni pinceau n'a été connu de ces gens-là.

L'un savait d'un poil dur dégager le menton,
Élever un toupet, retrousser un chignon ;
L'autre, ouvrier du dieu qui se plaît à bien vivre,
En vase de cuisine arrondissait le cuivre ;
Le troisième était chantre, et le dernier marin,
Sur la rame aussi fort que son frère au lutrin.

Je suis fâché qu'avant de quitter Meaux nous

n'ayons pas eu le temps d'aller voir, dans la prairie de Saint-Faron, si le rond des Fées y existe encore.

C'était là, disait-on dans mon enfance, qu'elles venaient tenir leur sabbat.

La féerie m'a toujours plu, même dans les contes de Perrault.

Quoique cette mythologie arabe et gothique ne vaille pas celle des Grecs, je la regrette :

> Elle inspira l'Arioste et le Tasse ;
> Quinault lui doit ses plus beaux vers.
> La raison glaça tout. Sa froide main compasse
> Ce que la féerie avec grâce,
> Au gré de son caprice, arrangeait de travers.
> Le désordre me plaît même ailleurs que dans l'ode.
> J'aime à passer, en moins d'un tour de main,
> D'un brillant belvéder dans un noir souterrain,
> D'un désert dans un frais jardin,
> Et d'antipode en antipode.
> J'ai beaucoup de respect pour le sceptre des rois,
> Trop souvent c'est un glaive au milieu des trophées ;
> Mais la baguette est le sceptre des fées :
> Il est plus doux, et jamais sous son poids
> Les nations ne furent étouffées.
> Ah ! pourquoi fuyez-vous si tôt,
> Jours du bel âge, instans rapides,
> Où l'on ne voit que des Armides,
> Dont on veut être le Renaud?
> Dans cet âge, à nos yeux le sexe est sans défaut.
> Heureux pour qui la femme, ou bégueule ou coquette,
> Ou brune ou blonde, avec ou sans fraîcheur,
> Est une fée, un objet enchanteur
> Toujours armé de la baguette !

Nous sommes devenus plus difficiles, mon cher ami; nous ne voyons pas, comme autrefois, la baguette magique dans toutes les mains féminines. C'est un malheur d'avoir tant de discernement.

RETOUR A PARIS.

On n'est pas laconique en parlant de son pays. J'ai trop bavardé sur Meaux. Heureusement nous en sortons et nous voici sur la chaussée de Paris.

Où sont les guinguettes de chaume qui la bordaient? Qu'est devenu l'édifice plus solide qui les avoisinait? Tout a disparu dans l'explosion d'un magasin à poudre en 1814.

On a fait sauter ce magasin comme le pont de Triport, pour ne pas laisser aux alliés des munitions dont ils se sont passés.

Nous sommes ici à deux pas de Ruthel, maison de campagne échue à mon camarade l'excellent M. Petit, honnête homme enlevé trop tôt à sa famille et à ses amis. Je n'aurai point à me reprocher d'avoir passé si près de son habitation sans lui donner une larme.

Avant d'arriver à Ville-Parisis, où nos chevaux doivent dîner, verrons-nous Frêne, la retraite de Daguesseau, sans la saluer? Non, nous devons cet hommage au talent et à la vertu.

Éloquent, sage, il eût été dans Rome

Rival de Tullius, émule de Caton;
Chez les Athéniens, Démosthène ou Platon;
Lycurgue à Sparte, et partout un grand homme.

Claye, moitié ville, moitié village, sera passé sous silence. Je ne connais pas sa chronique.

Je ne dirais rien de Ville-Parisis, sans la rencontre que nous y avons faite d'un misanthrope qui désespère de tout. Il croit la France perdue.

Je lui ai dit : Elle le serait, si tout le monde avait votre abattement. La Prusse, qui n'a pas la dixième partie de nos ressources, en est revenue de plus loin. Avec notre population, notre industrie, notre fertilité, nous ne périrons pas, si nous sommes résolus à nous sauver.

La France est un arbre qui avait un trop vaste branchage, et qu'on a peut-être élagué de trop près; mais sa sève lui reste, et il ne tardera point à reprendre des rameaux qui couvriront ses mutilations.

Je me suis écrié à ce sujet :

France! pays guerrier, qui lassas la victoire;
D'où Mars frappant du pied fit jaillir des soldats;
Foyer toujours brûlant et d'honneur et de gloire!
En dépit des revers, tu ne t'éteindras pas.

Laisse en paix tes voisins fatigués de combattre.
L'ambition contre eux égara ta valeur.
Le sort, pour les venger, t'envoya le malheur;
Cet ennemi sinistre est-il fait pour t'abattre?

Ton courage est déçu, mais il n'est pas brisé.
La faiblesse au malheur n'oppose que des larmes;

Le ciel pour ce combat t'a mieux favorisé,
Et ton climat fécond t'offre partout des armes.

J'ai vu, à ces mots, le front du misanthrope s'éclaircir un peu. Mais il se rembrunira. Il y a des gens qui aiment à mâcher la mélancolie comme les Indiens le bétel.

LIVRY.

Nous quittons Ville-Parisis pour atteindre le village auquel on a donné un des surnoms de Henri IV, le Vert-Galant.

De là, nous passons à Livry,
Lieu fatal où ma pauvre mère,
Après cinq ans d'hymen prospère,
A perdu son premier mari,
Auquel a succédé mon père,
Moins fameux, mais meilleur garçon
Que cet époux de haut parage,
Qui, par la fuite et l'abandon,
Livra la crédule Didon
Aux horreurs d'un second veuvage,
Sans lui laisser de rejeton.

Mon père n'a pas été aux ordres d'un destin qui lui prescrivit de quitter sa femme; et je suis la preuve, avec mon frère, qu'en subissant une séparation plus inévitable, il n'a pas laissé sa veuve aussi seule qu'il l'avait prise.

Livry doit te rappeler cet abbé buveur de notre

pays qui, ayant divorcé avec sa cure pour épouser une paroissienne, vint cacher, dans cette commune, sa femme et sa bouteille.

Après avoir lassé l'une et vidé l'autre, il est mort. Ce n'est point de l'eau bénite qu'il faut jeter sur sa tombe, c'est du vin; mais à cette odeur, je craindrais qu'il ne se ranimât; il est inutile de donner aux ivrognes un modèle de plus. J'aime mieux lui consacrer cette épitaphe :

> Ci gît un buveur tonsuré,
> Qui, n'ayant plus d'argent pour acheter à boire,
> Mourut de soif, et sur la rive noire
> Est descendu tout altéré.
> Plaignez, passans, la peine qu'il endure,
> Si dans l'enfer il est réduit à l'eau ;
> Un tel supplice est pour ce Ramponneau
> Plus terrible que la brûlure.

Notre mission était de ne point oublier les morts, nous nous y conformons par cette marque de souvenir donnée à l'abbé, qui se présente sur notre route comme un épisode.

BONDY.

Voici Bondy, lieu fameux par les voleurs qui infestaient sa forêt, et qui a perdu sa renommée depuis que d'autres voleurs, travaillant plus en grand, se sont répandus dans les camps, à la bourse et dans les bureaux.

C'est un genre d'industrie qui a gagné, comme tant d'autres, au perfectionnement de la société.

Le vol était dans la barbarie, quand il menait son homme aux galères ou à la potence. C'est quelquefois encore le partage des maladroits et des misérables : mais ceux qui savent manier cet art en grand obtiennent de bien autres destinées ; ils logent dans un hôtel au lieu d'être en prison. Pour eux le tombereau fait place au carrosse, le fouet aux caresses des parasites, la marque au relief que donne la fortune.

Ces voleurs de haut parage sont des enfans gâtés.

Je ne prétends pas cependant décréditer par cet exemple les progrès de la civilisation ; c'est un mal qui s'est glissé à côté du bien.

La science du droit public est plus avancée, celle du droit civil mieux arrêtée, la justice criminelle moins barbare, l'industrie plus habile, l'agriculture plus soignée, l'administration plus certaine, les intérêts de nos provinces mieux liés par l'uniformité de la législation et par les communications ouvertes à leur commerce.

On sait aujourd'hui tirer parti de ce qui naguère était inutile ou nuisible. Les étangs, les ruisseaux, sont devenus tributaires des canaux. J'ai regretté qu'on n'ait pas encore donné la même direction aux flaques d'eau que j'ai remarquées sur la lisière de la route.

Elles se perdent sans fruit pour la végétation et la navigation.

Ces eaux stagnantes, qui seraient si utiles en circulant, ressemblent aux capitaux enfouis.

Vivent les eaux courantes! elles servent de routes au commerce, font mouvoir les moulins, les usines, nourrissent des poissons qui, à leur tour, nourrissent les hommes; elles enrichissent et fertilisent tous les lieux où elles passent.

Que produit un marais? des animaux immondes et du méphitisme, comme l'avarice ne produit que des inclinations basses.

Un État où la circulation des capitaux est rapide n'éprouve pas plus de détresse qu'un pays bien arrosé n'éprouve de stérilité.

Les eaux ont besoin de pente pour circuler; le crédit est la pente qui fait courir les capitaux.

Ayons donc du crédit pour mettre en mouvement les richesses commerciales, industrielles et agricoles de notre beau climat.

Pour avoir du crédit, soyons sages et tranquilles; entendons-nous.

En ta qualité de financier, tu me pardonneras cette digression dans un récit où elle serait déplacée, s'il n'était pas fait par moi et pour toi.

Il nous est permis de parler de notre métier, dût la critique nous ridiculiser de faire une dissertation financière à propos de flaques d'eau.

Je l'aurais faite en passant à Meaux, à propos d'avarice, si je me fusse rappelé un ancien cancre de cette ville qui rechignait toujours à renouveler ses culottes et les jupons de sa femme.

A SAINT-FIACRE.

Il trouvait que ces hardes étaient sujettes à des frottemens qui les usaient trop vîte, soit qu'on fût debout ou assis.

Il ne s'accoutumait pas à voir la flamme consumer le bois et la chandelle.

Le vieux reître comparaît cette flamme à l'enfant prodigue, et plaignait les bûches et le suif d'avoir affaire à une ennemie si dévorante.

C'était le général de l'ordre des avares.

Nul n'a de leurs travers porté si loin le terme.
D'une lampe le soir la lueur le gênait;
  A nu dans l'ombre il s'asseyait,
Aimant mieux sur sa chaise user son épiderme
  Que le tissu qui la couvrait.
  Sa chaste moitié l'imitait.
  Ainsi secondant la marotte
  De ces époux fesse-mathieu,
  L'obscurité leur tenait lieu
  De cotillon et de culotte.
  Dieu qui fit tant de choses bien,
Disait ce couple, eût dû faire que l'homme
Pût vivre d'air, car l'air ne coûte rien.
Un tel régime épargnerait le bien
  Que notre maudit corps consomme.
  Ils trouvaient que le déjeûner,
  Dans l'estomac passant trop vîte,
  Faisait trop tôt place au dîner.
  Aussi leur aliment d'élite
  Était un mets lourd et grossier,
  Une pâte épaisse et mal cuite,
  Peu différente du mortier.
  Que produisit cet ordinaire?

Il arriva que l'harpagon,
Ne pouvant un jour se défaire
D'une triple indigestion,
Mourut de constipation
Pour ne pas payer un clystère.

S'il y avait beaucoup d'avares de cette sorte, les finances et le commerce ne prospéreraient guère. Les voleurs qui dépensent ce qu'ils prennent sont une moindre peste; ils ne font tort qu'à l'homme qu'ils dépouillent : l'avare fait tort à tous ceux entre les mains desquels passeraient les espèces qu'il entasse.

Ce sermon contre l'avarice me fait oublier que Bondi est derrière nous. Certaines émanations nous avertissent du voisinage de Pantin.

Ce ne sont pas les orangers, les citronniers, les genets, qui se font sentir, comme en Provence, en Italie, en Espagne. Quand donc Paris fera-t-il relever cette fétide sentinelle postée à l'une de ses principales entrées? Cet emplacement sera-t-il toujours ignoble? c'était jadis un gibet. Ce fut là que le chancelier Duprat, qualifié par Voltaire d'*homme dur et servile*, fit injustement accrocher le vieux surintendant Samblançai, qui montra, en allant à la mort, une fermeté telle que, suivant Marot, le peuple le voyant passer assis dans le tombereau, sous la conduite du *juge d'enfer* Maillard pâle et défait, prenait celui-ci pour le malheureux qu'on allait pendre.

Nous filons vîte devant ce lieu qui affligeait autant nos souvenirs que nos narines.

J'aurais pourtant bien voulu m'arrêter, pour contempler un peu ces hauteurs de Belleville, ces prés Saint-Gervais, promenades pacifiques des bourgeois de Paris, étonnés d'avoir été en 1814 un champ de bataille, et d'avoir revu, après plus de huit cents ans, ces redoutables bandes du Nord, dont les irruptions firent mettre dans nos litanies : *à furore Normanorum libera nos, Domine.*

Mais j'ai assez parlé de nos désastres. Nous en avons vu des vestiges à chaque pas dans la route que nous avons parcourue. Faisons trêve à ces tableaux qui appartiennent à l'histoire, et entrons dans Paris.

>Je te revois, ville bruyante !
>Objet d'estime et de mépris,
>Paisible ici, là turbulente.
>Séjour d'enfer, de paradis ;
>Amas de palais, de taudis ;
>Gueuse et riche, sale et brillante,
>Où la paresse et le travail,
>La raison et l'extravagance,
>Le grand savoir et l'ignorance,
>Se montrent en masse, en détail ;
>Résumé de toute la France,
>Admirable et laide cité,
>Où le faux et la vérité,
>La vertu, la perversité,
>Luttent d'efforts et de puissance
>Pour régir la société.
>Vaste assemblage de contrastes,
>Dont l'étrange diversité
>Fera, dans la postérité,

> De ceux qui fouilleront tes fastes
> Reculer la crédulité.

Ma porte cochère s'ouvre, notre voiture entre; nous voilà revenus au point d'où nous sommes partis. Que de gens, après de grandes excursions, sont retombés au même terme, à commencer par notre France, qui, après s'être étendue de Rome à Moscou, a fini par rentrer dans ses limites!

Je t'embrasse.
V.

VOYAGE

A

MORFONTAINE,

ERMENONVILLE, MEAUX ET CRÉCY.

LETTRE A M. L. P.

(AOUT 1819.)

TRAJET DE PARIS A MORFONTAINE.

Vous désirez, mon cher campagnard, savoir comment un Parisien, claquemuré comme moi dans la rue Neuve-des-Petits-Champs, s'y prendra pour rendre compte des impressions que les aspects champêtres auront faites sur sa machine. Je n'ai pas le talent de relever les petites choses, et il est possible que je rabaisse les grandes; mais aussi vous ne vous attendez pas que de rédacteur administratif, je devienne écrivain pittoresque. Je ne puis être que moi, ainsi trouvez bon que je vous fasse un journal et non un tableau.

Le 26 août 1819, à huit heures du matin, mon frère, mes trois fils et moi, nous nous mettons en route pour aller visiter quatre points géographiques, moins intéressans que ceux qui ont fait aller Maupertuis en Laponie, et Lacondamine dans l'Amérique du Sud, mais assez pour charmer ma vue et toucher mon cœur.

Nous devons d'abord voir Morfontaine que nous ne connaissons pas, revenir à Meaux par Ermenonville que nous ne connaissons pas davantage, et filer de Meaux à Crécy, pour nous rejoindre à un détachement qui n'a pu nous suivre.

Le trajet de Paris au Bourget ne m'a fourni que le souvenir d'avoir habité deux ans, lorsque je n'en avais pas dix-huit, le village qu'on appelle *les Vertus*, non à cause des retraites fréquentes que le saint janséniste, enterré à Saint-Médard, y faisait; mais parce que la vierge avait *la vertu* de rendre fécondes les femmes stériles qui venaient implorer son intercession. J'aurais eu peu de sujet de me plaire dans ce village, si la jeunesse n'embellissait pas tout; je pourrais m'appliquer ce vers piquant de M. Andrieux qui rappelle à Collin-d'Harleville le temps où ils occupaient la même mansarde :

« Nous étions malheureux, mais c'était le bon temps. »

Marmontel parle d'un temps semblable avec hilarité, en racontant cette soirée où, recevant chez lui une jeune compatriote, il ne put acheter à crédit un morceau de fromage pour lui donner à souper.

Quelle charmante description Rousseau ne fait-il pas des misères de sa jeunesse, et notamment de cette nuit passée à la belle étoile à Lyon, sous la porte d'une terrasse, et de ce fonds de caisse de *six blancs* pour faire un bon repas après une si bonne nuit!

LOUVRES.

Je n'ai vu qu'à l'entrée de Louvres une scène qui a excité mon attention, quoiqu'elle ne le méritât guère. Une caravane de femmes respirait sur la pelouse, à l'ombre d'un groupe de tilleuls. Ce n'était pas comme en Arabie des chameaux qui portaient leurs ballots. C'était elles-mêmes. Ces ballots avaient été vendus, il n'en restait que le contenant. Ce contenant, vulgairement appelé hotte, servait de natte aux voyageuses pour reposer leurs épaules et de berceau pour abriter leur tête. Les unes dormaient, les autres veillaient à côté d'elles, en attendant leur tour de dormir, pour recevoir des dormeuses réveillées le service qu'elles leur rendaient. Vous dirai-je ce service? mais comment faire?

O M. Népomucène! vous qui dans vos métamorphoses avez fait lutter la décence des expressions contre l'indécence des sujets, prêtez-moi vos armes pour soutenir honorablement un combat à peu près semblable...

J'ai une chasse à peindre; mais ce n'est point une de ces chasses qui ont inspiré tant de poètes et de musiciens. Celle-ci se fait sans appareil, sans bruit. Elle est fort commune en Espagne, et quoiqu'elle ne ressemble guère aux brillans jeux de Mars, elle ne s'y est que trop souvent mêlée. Il n'y a point de camp où elle n'ait exercé des mains guerrières.

L'animal rugissant qui règne dans l'Afrique,
Sous le fouet de sa queue écrase la moustique,
Dont le dard altéré vient lui pomper le sang;
Pour punir ou chasser l'insecte qui le pique,
Des verges de son crin le coursier bat son flanc;
Les oiseaux sous leur bec font justice des mites
Qui de leur doux plumage assiègent le duvet;
Le singe, tourmenté des mêmes parasites,
En purge, à coups de dents, le poil qui le revêt.
Hélas! l'homme n'est pas exempt de ces misères:
Ce roi des animaux voit ses plus vils sujets,
De son buste royal usurpant les sommets,
Sous sa couronne même établir leurs repaires.
C'est ce peuple rongeur, qu'implacables furets,
L'œil et le doigt chassaient sur les têtes dormantes,
Et, purgeant le terrain dont il souillait les plantes,
Ils lui faisaient sur l'ongle expier ses forfaits.

Rien ne ressemble moins que cette scène aux églogues antiques. Cependant si Bion, Moschus, Théocrite, Virgile, ont négligé de décrire pareille chose, ce n'est probablement pas faute d'élémens; car ces élémens sont nés avec les cheveux, et les bergers de Sicile, d'Arcadie et d'Italie ne devaient pas être plus chauves que le groupe dont je n'aurais peut-être pas dû parler.

« Car il est des objets que l'art judicieux
« Doit offrir à l'oreille et reculer des yeux. »

L'exemple des anciens a inspiré ce précepte à Boileau. Je lui demande humblement pardon de ne l'avoir pas suivi dans la relation de ma chasse.

Cette chasse au surplus contraste avec le respect des Banians dévots qui, dans un hospice ouvert aux animaux infirmes, casernent, dit-on, des mendians pour procurer une pâture aux insectes que nous avons vu traiter si différemment. Les Banians font provision de têtes pour ces animaux, comme nous de feuilles de mûrier pour nos vers à soie, et de feuilles de choux pour nos lapins.

Nous nous sommes arrêtés à Vauderlant, où nous avons déjeûné sobrement et fait dîner nos chevaux. C'est là que j'ai appris d'un roulier qui amenait à Paris un chargement de chicorée brûlée, que nos limonadiers en débitaient autant que de café. Heureux! si cette racine suppléait tout-à-fait à ce que nos colonies ne peuvent nous fournir pour compléter notre consommation, et nous affranchissait des tributs qu'un besoin factice nous fait payer à l'Angleterre!

Ce roulier, jeune et beau garçon, paraissait du goût de la fille de l'aubergiste, qui le servait comme un sultan. La jouissance de cette petite était de le voir une fois par mois et de l'attendre le reste du temps. L'image de Jean-Pierre la suivait dans toutes ses fonctions.

> Assaisonne-t-elle un ragoût?
> Elle voudrait qu'il régalât Jean-Pierre.

De bon vin, de nouvelle bière,
Sont-ils vantés par des buveurs de goût?
Elle regrette que Jean-Pierre
Ne soit pas là pour boire un coup.
Lorsqu'une main trop familière
La presse avec témérité,
Finissez donc, Monsieur, dit-elle avec colère,
Pensant tout bas que cette liberté
Est un larcin fait à Jean-Pierre.
Elle rêve confusément,
Quand elle fait les lits, qu'il est certain moment
Où le lit le mieux fait serait bon à défaire,
Pourvu que ce dérangement
Ne s'opérât point sans Jean-Pierre.

Nous laissons ces amans qui m'auraient fourni, si j'avais voulu, le sujet d'une fade églogue. J'aurais changé le nom de Jean-Pierre en celui de Tircis, son fouet en houlette, sa pipe en chalumeau, Jeannette en Philis, son bonnet rond en chapeau de paille et sa casserole en corbeille. L'un aurait mené des moutons au lieu de charrette, l'autre aurait pressé les mamelles d'une chèvre, au lieu de tirer du vin d'un tonneau; mais de pareilles métamorphoses appartiennent à l'ancienne bergerie. D'ailleurs je suis historien et non poète.

Nous cheminons jusqu'à Morfontaine sans remarquer dans notre trajet autre chose que de belles plaines dont les richesses ont passé dans les granges, de grosses voitures de roulage qui écrasent le pavé, des chaises de poste qui le brûlent, des piétons qui l'esquivent, des soldats qui vont en sémestre ou qui en reviennent, des ouvriers, des valets, des perruquiers, des filles, etc., qui, le paquet sous le bras ou sur le dos, vont à Paris chercher fortune, ou qui s'en retournent sans l'avoir trouvée. Paris est une grande loterie où l'exubérance de la population des provinces vient à l'envi faire sa mise, et où les lots sont aussi rares qu'à la loterie royale.

On dit du mal des loteries : c'est un sujet usé d'amplification. Tout est loterie en ce monde, et la vie est un tirage perpétuel qui sur un heureux fait des milliers de dupes.

MORFONTAINE.

Arrivés à Morfontaine, nous n'avons pas le choix des auberges, il n'y en a qu'une. C'est l'hôtel de la Providence.

Nous avons d'abord parcouru le petit parc. Il justifie bien ce précepte :

« Que le début soit humble et n'ait rien d'affecté. »

Rien ne prépare moins que ce petit parc aux grandes choses qu'on va voir. Cependant on a eu la prétention d'y appeler la mélancolie par un Élysée postiche. Les tombeaux ne sont pas plus que les ruines des choses qu'on puisse parodier. Il faut être sûr que des cendres reposent sous ces pierres pour en être ému. La tombe d'un Vert-Vert me toucherait davantage que le plus beau mausolée vide. A côté de cet Élysée est une rivière dont l'eau terne et dormante ressemble au Léthé. Il ne manque à ce cimetière que des morts. C'est une colonie qui attend des habitans.

Du petit parc nous passons dans le grand par un souterrain qui traverse la route. Sorti de ce long passage obscur, quoiqu'éclairé par en haut de distance en distance, on se trouve tout à coup dans le grand parc. Quelle lumière! quel éclat! quelle étendue! Je n'ai rien vu de plus magique.

De vastes plaines d'eau coupées par des digues de verdure, par des ponts, et bordées de prairies, de feuillages touffus, de rochers où l'aridité la plus âpre se marie à la culture la plus soignée; ce rideau d'arbres élevés qui sépare un lac de l'autre, comme une toile transparente qui diviserait, sans la cacher, une arrière-scène délicieuse d'une avant-scène charmante, tout cet aspect est ravissant. Delille recommande les scènes inattendues. Il aime les secousses de la surprise après les extases de la contemplation : Morfontaine produit ce double effet.

Nous avons descendu le côteau du haut duquel un si beau spectacle se déployait, afin de voir de plus près ces décorations qui faisaient de loin un effet si pittoresque. Elles ne perdent rien, quand on s'en approche.

Les deux premiers lacs qui vous frappent en entrant sont terminés par une pelouse, au bout de laquelle s'élève un bâtiment que le propriétaire du lieu a improvisé, pour y donner à déjeûner à son frère. Le mobilier de ce bâtiment se ressent aujourd'hui de la destinée du maître et du convive : il tombe en lambeaux.

Derrière cette fabrique s'étend un canal qui joint le grand lac aux deux premiers. Ce lac est une mer ornée d'un archipel et bornée par un roc escarpé qui n'est couvert que de bruyères et ne donne asyle qu'aux lapins.

Vous avons vogué en batelet vers cette autre Sainte-Hélène d'où l'on aperçoit une vaste plaine aride, hérissée de monceaux de grès, et au bout de l'horizon les clochers de Senlis.

Je n'aurai point la manie de rabaisser Versailles et Saint-Cloud pour relever Morfontaine. Je vois des deux côtés la nature dans sa pompe. Je la reconnais, je l'admire sous la magnificence d'un costume royal, comme sous une draperie de fantaisie; c'est toujours elle qui fait valoir le vêtement, quel qu'il soit, et jamais le vêtement qui la fait valoir.

Le jour tombant nous a fait suspendre notre exploration, pour la reprendre le lendemain matin en allant à Ermenonville.

Satisfaits de notre journée, nous sommes allés la clore par un souper.

Il ne ressemblait point aux soupers d'autrefois,
 Où les rimeurs, les galans et les belles,
  Faisaient assaut de douceurs de ruelles;
Où les feux secoués par des esprits courtois,
Se croisaient avec ceux que dardaient les prunelles,

>   Et de l'amour, sur les cœurs les plus froids,
>   Éparpillaient les étincelles.
>   Notre souper n'était que le repas
>   D'une famille fortunée,
>   Qui se réconfortait avec deux ou trois plats,
>   Des fatigues de la journée.

L'hilarité, l'appétit donnaient à ce repas un mérite qui ne faisait guère envier les anciens soupers de Paris.

Notre conversation, sans être brillante, ne manquait pas d'intérêt. Elle roulait sur les vicissitudes de la fortune et notamment sur celle du maître de Morfontaine. Les hommes qui montrent son parc ne le désignent que par la qualité de *Roi*. Que fait, disions-nous, ce Roi sans royaume? Était-ce la peine de monter si haut pour descendre si bas? Et que lui sert en Amérique d'avoir à neuf lieues de Paris un domaine enchanteur? Il lui coûte plus de regrets qu'il ne lui a procuré de jouissances. Celui qui comme Bias porte tout avec lui est moins malheureux. Si Joseph etait resté dans sa première condition, que d'angoisses de moins! Mais de ce qu'il était devenir Roi! C'est un des coups de baguette de cette terrible fée appelée la *Révolution*.

>   A tant d'éclat il ne s'attendait guère,
>   Avant que son deuxième frère
>   Eût pris rang parmi nos guerriers,
>   Et quand lui-même, inspectant les celliers,
>   Des tonneaux dressait l'inventaire,
>   Au profit de ces gros fermiers,

Que des tribunaux carnassiers,
Satellites de Robespierre,
Ont envoyés dans leurs charniers.

Le lendemain nouvelle course dans le parc. Un batelet nous a promenés autour des îlots qui forment l'archipel du grand lac. C'est une Venise en miniature élevée dans des lagunes, avec cette différence qu'au lieu de palais et d'édifices, les îlots ne sont peuplés que de verdure.

Revenus de cette course maritime, nous en avons entrepris une autre pour gagner la porte du parc qui donne sur le chemin d'Ermenonville, où nous sommes arrivés à midi.

ERMENONVILLE.

Ermenonville balance Morfontaine. Vous concevez que notre première visite a été à l'île des Peupliers qui s'élève au milieu du lac en face du château.

Je me joins à ceux qui blâment l'hommage malentendu qu'on a voulu rendre aux cendres de Rousseau en les transportant au Panthéon. Cette place, quelque honorable qu'elle soit, ne vaut pas la sépulture que le mort s'était choisie, et que l'amitié lui avait décernée. M. de Girardin ne devait pas être dépouillé d'un dépôt si légitime. Le tombeau du philosophe a perdu beaucoup de son prestige depuis l'absence de son habitant. Le souvenir d'un homme célèbre ne supplée pas à l'existence de ses reliques.

A côté de l'île des Peupliers, à mi-côte et parmi des broussailles est la tombe d'un jeune inconnu qui est venu se tuer, à cet endroit, d'amour et de misère, il y a vingt-cinq ou trente ans. Il a laissé une lettre où il fait l'apologie de son suicide sans en expliquer la cause : Ce n'était pas un *fou raisonnable*, mais un *fou raisonneur*.

Cette première exploration faite, nous sommes venus dîner. Je défie aux Lucullus anciens, présens et futurs, de mieux régaler leur monde que ne l'a fait notre aubergiste. Il est vrai que nous avions apporté avec nous le meilleur des assaisonnemens, l'appétit. La chambre où nous étions est ornée de gravures en l'honneur de Rousseau. C'est le saint du lieu. Les habitans n'en parlent, pour ainsi dire, que chapeau bas. Il est vrai qu'il contribue autant que la beauté du site à attirer dans la belle saison les pélerins qui les font vivre. Ils doivent de la reconnaissance à sa mémoire.

Après dîner notre guide nous a menés dans le parc qui tient immédiatement au château, et où se trouve, à côté d'un lac plus grand que le premier, l'espace montueux appelé *le Désert*.

On ne peut bien décrire ces aspects agrestes, rians, majestueux, âpres, frais, qu'à l'aide du pinceau. Si M. de Girardin n'était pas peintre de paysage, il avait éminemment le génie de ce genre de peinture, car il en a créé les plus riches sujets.

Ermenonville ne ressemble pas à Morfontaine.

Tous deux plaisent également, malgré leurs différences. Ce que j'ai admiré dans ces sites, c'est le respect avec lequel l'art semble avoir traité la nature. Il l'a reconnue pour sa souveraine, et on dirait qu'il l'a consultée, pour ne lui donner que des ornemens qu'elle approuvât. Aucun ne rapetisse ou ne déguise sa majesté, quelque grande et sévère qu'elle soit.

Notre promenade a fini par une visite à la chapelle consacrée, c'est-à-dire au logement qu'a occupé et dans lequel est mort J. J. Rousseau. Ce sont quelques chambres dans les mansardes de l'aile droite du château.

EXCURSION LITTÉRAIRE.

Ce petit coin d'habitation m'a touché, mais il me semble que je le serais davantage de la chambre de Voltaire, à Ferney, non assurément parce qu'elle doit être plus belle, mais à cause de l'homme. Ses qualités extraordinaires sont, selon moi, plus aimables que celles de Rousseau, et ses défauts moins rebutans. Ce que j'admire dans Voltaire, c'est une justesse invariable d'esprit. Napoléon le trouvait faux. Je vois, dans ce jugement, la prévention du conquérant contre le philosophe, et du despote le plus absolu contre le plus séduisant apôtre de la liberté. Rousseau, avec une éloquence plus originale, est loin d'avoir, soit par nature, soit par système, la justesse de son rival. Il se fait un jeu de rapetisser ce qui est grand et de grandir ce qui est petit, de prouver la clarté d'une énigme et l'obscurité d'une évidence; il est homme à ravaler un roi pour hausser un palefrenier, et à soutenir qu'un sauvage dans les bois est plus heureux qu'un seigneur dans son château : il a voulu faire de la singularité un des élémens de sa célébrité. Il n'en avait pas besoin. Son génie lui suffisait pour être aussi célèbre qu'écrivain pouvait l'être. L'abondance de ses idées, de ses sentimens, le charme indéfinissable du style qu'il s'est fait, sans s'astreindre à aucun modèle, sa vigueur, son naturel, sa grâce même quand il veut en avoir, assurent à Rousseau une place unique parmi nos premiers prosateurs. C'est un classique à part. Si le romantisme le revendique, tant mieux ; qu'il l'imite! nous saurons ce qu'il voudra dire ; car Rousseau n'est jamais indécis ni obscur.

Ce n'est point par des vers que l'on peut le vanter,
Il ne les aimait pas : c'était un tort sans doute;
Mais du cœur, par sa prose, il trouvait mieux la route,
Que le fils d'Apollon qui sait le mieux chanter.
Quel poème, en effet, vaut une telle prose?
J'aime beaucoup les vers, mais quand j'ai lu Rousseau,
Je trouve, sans pouvoir en définir la cause,
Voltaire moins brillant et Racine moins beau.
 Avec ce talent magnifique
Fait pour charmer partout, partout étinceler,
Quel malheureux travers de vivre en lunatique,
 De se lier pour se brouiller,
Et de tout voir en noir, afin de quereller
 Ses amis et sa république!

D'avant de vivre heureux les droits les plus complets,
D'être tout le contraire il se fit un système.
Je crois voir un convive entouré de bons mêts,
Qui, pour avoir sujet de les trouver mauvais,
  S'amuse à les gâter lui-même.

Nous n'avions plus rien d'intéressant à voir après la dernière habitation de l'auteur d'Émile, et nous avons pris la route de Meaux, où nous sommes arrivés à la nuit close.

MEAUX.

Si le Nègre, transplanté en Amérique, regrette le pays barbare où ses compatriotes l'ont vendu ; si le Hottentot, dans un pays civilisé, soupire après sa hutte ; si le Lapon, à Paris, brûle de retourner dans ses déserts de glace ; si, au Jardin du Roi, un jeune Otaïtien s'évanouit de plaisir en voyant un arbre de son île, vous ne serez pas étonné qu'en entrant dans Meaux, ma ville natale, j'aie éprouvé un sentiment particulier qu'aucun autre lieu ne m'inspire. Ce sentiment s'est renouvelé toutes les fois que j'ai revu ce petit coin de France, tant les impressions de l'enfance sont profondes, et tant est puissant le charme qui s'y rattache !

Plus aguerris que les compagnons d'Ulysse aux séductions de la Syrène, c'est à l'auberge dont elle est l'enseigne que nous sommes descendus. Si cette Syrène n'a pas une belle voix, elle a une assez bonne cuisine et, quoique dans la capitale de la Brie, elle a du vin qui vaut mieux que celui du cru. Une bonne cuisine et de bon vin peuvent dispenser la syrène de Meaux du talent de bien chanter.

Le dîner d'Ermenonville tenait encore trop de place dans nos estomacs pour qu'on pût y ajouter un souper. Le déjeûner seul a trouvé de quoi s'y loger le lendemain.

Que ce lendemain a été agréable et bien rempli!

LE COLLÉGE.

Ma reconnaissance m'appelait d'abord au collége où j'ai été élevé. Je ne sais pourquoi ce temps n'est pas celui qu'on aime le mieux à se rappeler. *Les Ombres*, très-jolie pièce où Gresset fait la description de l'esclavage des écoliers, expliquent le motif de cette tiédeur; la liberté est trop comprimée dans le cours des classes; elle est comme dans une cage hérissée de pointes. Elle ne peut remuer sans se piquer. Je sais que la jeunesse, portée à la paresse et à la dissipation, a besoin d'être contrainte pour étudier : mais je crois qu'on outre-passe la mesure, et que le frein écorche sous prétexte de contenir. Je veux des rênes et non des fers.

Du reste, je n'ai pas revu sans intérêt cette cour, ces classes, ces longs corridors, cette chapelle, ce réfectoire, cette terrasse que j'ai tant connus autrefois; mais l'avouerai-je? Il me semble que ce plaisir venait davantage du sentiment de ma liberté que du souvenir de mes premières études.

Parmi les hommes remarquables élevés au collége de Meaux, d'où sortaient plus de prêtres que de laïcs, on citait de mon temps le vénérable *Rhupalet* qui avait l'érudition de *dom Calmet*, et l'éloquence inculte et forte de *Bridaine*;

L'abbé *Lyon*, ancien professeur de rhétorique, à qui il n'a manqué peut-être qu'un plus grand théâtre, plus d'ambition et d'activité pour rivaliser *Rollin*;

Le curé *Duchesne*, qui s'était fait une réputation de prédicateur par la vivacité de ses sorties contre le jansénisme, et qui mourut martyr dans les massacres de septembre;

Son confrère l'abbé *Guichard*, dont les sermons aussi soignés que sa personne rappelaient le style fleuri du Père Laneuville, et à qui les bourreaux de 1793 n'ont pas fait grâce de ses talens et de ses vertus ;

L'abbé *Macquin*, qui joignait à beaucoup d'esprit et d'instruction des talens agréables, et sut tirer parti de ces avantages, pour honorer son émigration en Angleterre.

On cite aujourd'hui M. *Raoul,* qui a du talent pour la poésie grave, et qui en a donné la preuve dans une traduction de Juvénal. Je pourrais ajouter mon ami M. Barbier, l'un des plus savans bibliographes de France.

BOSSUET.

Après notre visite au collége, les cendres de Bossuet déposées dans la cathédrale, derrière le maître-autel, sous un marbre noir, ont été saluées par nous.

Le grand bâtiment décousu qu'on appelle Évêché, palais informe, que la mémoire de ce grand homme décore mieux que la plus riche régularité, s'est ouvert pour nous. On ne monte pas aux appartemens par des escaliers; mais par des rampes douces construites en briques. Cette forme fut imaginée dans les siéges fréquens que Meaux a subis du temps des guerres civiles. L'Évêché servait alors de magasin de vivres, et, à l'aide de ces rampes, les bêtes de somme montaient avec leurs charges jusqu'aux greniers et en descendaient de même.

Nous sommes allés sur la terrasse où Bossuet avait fait bâtir un cabinet de travail qui existe encore, et auquel aboutit une galerie d'ifs que le temps a respectée.

Ce pavillon que les révolutionnaires avaient souillé est remis en honneur. On y a replacé un long siége de bois qui du temps de Bossuet a peut-être tenu lieu de canapé, de divan, d'ottomane. Je soupçonne que ce banc est un reste du mobilier modeste de cet éloquent apôtre; cette idée, vraie ou fausse, m'y a fait asseoir avec respect. Si l'éloquence sacrée avait comme celle des oracles son trépied d'inspiration, ce banc grossier en servirait.

Bossuet est un des hommes illustres qui ont donné de bonne heure des symptômes de leur grandeur future. Il avait au collége cette ardeur de travail qui présageait l'érudition si éloquemment élaborée, si savamment résumée dont est nourri le *Discours sur l'histoire universelle*, ouvrage qui nous initie dans les motifs de la législation antique, comme si l'auteur avait été membre du sénat et de l'aréopage. Le meilleur écrit de Montesquieu, *La Grandeur et la Décadence des Romains*, n'est à beaucoup d'égards que la paraphrase de quelques traits du jugement de Bossuet sur ces grandes révolutions.

La terrasse qui plaisait à ce pontife est un débris d'anciennes fortifications, choses fort superflues aujourd'hui pour les villes de l'intérieur, mais fort nécessaires, lorsque la féodalité hachait la France en petits états rivaux qui, faute d'un grand pouvoir modérateur et concentrique, se heurtaient sans cesse les uns contre les autres, comme feraient, sans comparaison, les orbes célestes sans la main qui les contient chacun dans sa sphère.

Richelieu en faisant fléchir les grands sous la main de fer qu'il prêtait à l'autorité royale, Louis XIV en les apprivoisant à cette soumission par les séductions de sa cour, ont préparé de loin cette unité de législation qui régit aujourd'hui la France entière. Cette unité est un si incontestable bienfait de la révolution que les plus ardens détracteurs des choses nouvelles donnent leur suffrage à celle-là.

De l'Évêché nous passons au marché, c'est quitter Rubens pour Téniers. On appelle ici *marché* la place où il se tient. Je suis né sur cette place.

C'est là qu'au mois de Janvier
Ma mère, femme féconde,
Me fit apparaître au monde,
Et que monsieur Pelletier
Arrosa ma tête blonde
De l'eau de son bénitier.
Voici ma modeste crèche,
L'église où j'allais crier
Les versets de mon Psautier;
L'école où la voix revêche
D'un ignorantin grossier
Vint souvent me rudoyer;
La rivière où par la pêche
J'allais me désennuyer;
La place où plus d'un bobèche
Divertissait plus, dans Meaux,
Catholiques, huguenots,
Que tous les discours moraux
De la paroisse et du prêche.

Les grandes villes, réunissant une forte garnison de consommateurs, font prospérer dans un rayon étendu les campagnes chargées de les ravitailler. Le marché de Meaux appartient plus à Paris qu'à Meaux même. C'est un des pourvoyeurs de la halle.

Sans faire dans les marchés les mêmes études que Vadé qui allait y chercher son style, j'ai toujours aimé leur mouvement.

Satisfaits de nous être mêlés aux vendeurs et acheteurs de légumes, de fruits, de fromages, d'œufs, de volailles, nous nous sommes jetés dans la société des maquignons. Car Meaux a son hippodrome comme Constantinople. C'est une fort belle lice ouverte sur la promenade de Bellevue, rempart antique où l'on entend les hennissemens des chevaux au lieu des *qui vive*.

Cette lice n'est pas fermée aux ânes, ils y ont leur quartier. Mais cette race, qui est aux chevaux ce que les Parias sont aux autres Indiens, est séparée de la noble caste par un pont qui coupe la promenade en deux.

Que fait cette jeune fille assise au pied d'un arbre, un carton sur ses genoux et un crayon à la main, portant alternativement les yeux sur ce carton et autour d'elle, moins pour voir le paysage qu'elle a l'air de dessiner que pour s'assurer si on la regarde? Cette attention distraite, cette pudeur agaçante, ce sourire qui commence de face et finit de profil, cette attitude équivoque annoncent peu une artiste. Et, d'ailleurs, quel lieu, quel jour choisis pour ses études! Les maquignons auraient-ils leur Circé comme les compagnons d'Ulysse? Non, m'a-t-on dit, elle est moins ambitieuse. Elle ressemble plutôt à une Géorgienne ou Circassienne libre qui va sans courtier au bazar pour faire ses affaires elle-même. O Meaux! nulle jeune fille dans ma jeunesse ne s'est avisée de se mettre dans un marché aux chevaux en concurrence avec ces quadrupèdes. *O tempora! ô mores!* Plaise au ciel que la jeune dessinatrice ait été mal jugée!

Meaux s'est ressenti des embellissemens dont le régime impérial a donné l'impulsion partout. Ce régime lui a créé par les octrois un revenu qui lui était nécessaire. Le maire qui la gouverne y est né; il veut, par le souvenir du bien qu'il lui fait, qu'elle s'applaudisse d'avoir été son berceau.

SAINT-FIACRE.

Le soleil nous chasse de Bellevue, dont les arbres ne donnent pas encore d'ombre; nous allons prendre notre voiture pour faire une course jusqu'à Fublaine, et de là gagner à pied ce village que j'ai célébré il y a quatre ans, où mon grand-père et ma sœur aînée sont morts, et qui exerce sur moi, soit par leur sépulture, soit par son site, je ne sais quelle attraction. J'étais, d'ailleurs, bien aise de le faire connaître à mes deux plus jeunes fils.

Il faudrait savoir décrire comme Rousseau de riantes pérégrinations pour rendre le charme avec lequel nous avons fait le trajet de Fublaine à Saint-Fiacre. Qu'on se figure cinq personnes, trois jeunes, deux mûres. Les premières formaient l'avant-garde et les tirailleurs, les autres le corps d'armée, ou si vous l'aimez mieux, les enfans de chœur marchaient en avant, et les curés derrière, mais ayant tous une allure moins grave que celle d'une procession. Le temps était superbe. Quoique remplis encore des beautés de Morfontaine et d'Ermenonville, le paysage qui environne Saint-Fiacre ne nous en paraissait pas moins délicieux. Ce village est à mi-côte; il se perd dans des touffes de vergers qui couronnent une prairie vaste et fraîche, coupée par des ruisseaux bordés de saules. Nous avons traversé cette verte prairie, nous reposant de temps en temps sur la pelouse, pour contempler à notre aise cet aimable et riche tableau.

>   Si Jean-Jacques, dans sa jeunesse,
>   Eût connu ce canton charmant,
> Ce n'est point à Vévai qu'il eût probablement
>   Placé Saint-Preux et sa maîtresse.
> Saint-Fiacre effacerait peut-être le Valais,
> S'il eût été décrit par des plumes célèbres.
>   Ainsi l'oubli couvre de ses ténèbres
> Cent héros ignorés, morts avec leurs hauts faits,
>   Faute d'avoir trouvé des Bossuets,
>   Pour composer leurs oraisons funèbres.

Un saint, si nous étions moins profanes, eût dû pourtant faire plus que de grands écrivains, pour donner du relief à sa vallée. Car enfin des miracles sont plus rares que de belles phrases, surtout quand ils viennent d'un prince qui, préférant le capuchon au diadême, renvoya les ambassadeurs qui vinrent le lui offrir, pour rester dans son cloître; se croyant là plus près du ciel que dans un palais.

Il était quatre heures quand nous sommes arrivés à Saint-Fiacre. Mes enfans ont pris du lait chaud, moi j'ai voulu boire de ce vin du crû, de ce vin de Brie si décrié, avec lequel j'ai été élevé, et qui, s'il n'a point de panégyristes, ne manque pas de consommateurs.

Le lieu du régal était sur la place où donnait la maison de mon grand-père, habitée aujourd'hui par un boulanger. Cette dérogeance ne m'a point choqué. N'ai-je pas vu, rue de la Harpe, la chambre à coucher de la reine Blanche, mère de saint Louis, transformée en atelier de relieur? et, dans la même rue, les Thermes de Julien ne servent-ils pas de cave à un tonnelier? Combien d'antiques tombeaux, qui ont reçu d'illustres dépouilles, sont devenus des pierres d'abreuvoirs!

Le patron de la Brie n'est pas moins déchu. Il ne reste de sa tombe qu'une grossière effigie nichée dans l'église paroissiale du village, qui ne vaut pas une grange.

Nous nous sommes distraits des réflexions que nous suggéraient ces vicissitudes, en reprenant la route de Fublaine. Elle nous a conduits à la voiture qui nous a ramenés à Meaux.

SAINTE-CÉLINE.

Le faubourg Saint-Nicolas que nous traversâmes me rappelle une omission que j'ai commise. J'en demande pardon à l'aimable sainte qui en fut l'objet.

Elle avait derrière l'église Saint-Nicolas une chapelle élevée sur la cave où elle s'était retranchée pour échapper aux outrages des Francs qui avaient pris la ville d'assaut. Les traces de son séjour dans cette cave étaient en grande vénération.

Simple comme la vierge de Nanterre, elle fut

comme elle la patrone de son pays. Je lui ai fait bien des neuvaines dans ma dévote enfance.

>Douce vierge, chaste Céline,
>Geneviève de mon pays,
>Sur le lieu de mon origine
>Veille du haut du paradis
>J'ai mainte fois baisé ta châsse,
>Pour obtenir par toi la grâce
>Des péchés que j'avais commis.
>J'ai vu la ténébreuse enceinte,
>Le souterrain hospitalier,
>Qui préserva ta pudeur sainte
>De gens prêts à la rudoyer.
>J'ai touché la braise divine,
>Relique de l'humble foyer
>Qui chauffait ta sobre cuisine.
>Auprès d'elle, hélas! tu jeûnais,
>Tandis que la faim débauchée
>Des effrontés que tu fuyais
>N'eût fait de toi qu'une bouchée.

La cave qu'on sanctifia, le temple qui lui fut dédié, le concours des pélerins, tout a disparu. Sainte Céline partageait avec saint Fiacre le patronage de la Brie, les laves de la révolution ont englouti leurs autels comme Herculanum et Pompéia le furent par celles du Vésuve.

DINER.

Le dîner tient toujours une place importante dans les voyages. C'est une scène inséparable de ces pièces.

Nous l'avons jouée à notre auberge en bons acteurs. Un des interlocuteurs qui aime les épisodes a ramené le dialogue sur Saint-Fiacre, et notamment sur deux jolies femmes que nous y avions remarquées : l'une menuisière ; l'autre, jeune villageoise à petit corset, jupon court, jambes nues, qui lançait d'une voiture dans un grenier des bottes de paille.

> La première aux yeux noirs, à la taille légère,
>   Tenait un enfant dans ses bras.
>   Mon frère, en lorgnant ses appas,
> Dit : Puisque cet enfant devait avoir un père,
> C'est dommage, parbleu ! que je ne le sois pas.
>   J'ai dit tout bas en voyant la seconde,
>   Qui, comme sa paille, était blonde :
>   Ce grenier deviendrait
>   Une alcôve discrète,
>   Pour qui s'y trouverait
>   Avec cette fillette ;
>   Et l'Amour changerait
>   Les bottes qu'elle y jette
>   En coussins de duvet.

Ces deux nymphes rustiques sont des perles enfouies. Si elles étaient à Paris, c'est à qui voudrait s'en parer. Elles ressemblent à leur village qui, faute d'être sur un point fréquenté, n'est beau que pour ses habitans ; et encore, à peine s'en apperçoivent-ils.

DIVAGATION PHILOSOPHIQUE.

Avec un peu de papier et de noir détrempé on

A MORFONTAINE.

immortaliserait pourtant ce petit coin de la Brie, et les deux Hélènes qui y végètent ! Il ne faudrait pour cela qu'une plume qui sût bien se servir de ces deux ingrédiens sur lesquels glisse la lime du temps, pendant qu'elle ébrèche sans cesse les pyramides.

Faute d'imprimerie, les empires antiques de l'Égypte, des Mèdes, des Assyriens n'ont point laissé d'annales. On y consacrait les grands faits par des monumens. C'est par des temples, des colonnes, des obélisques, de gigantesques tours qu'on imprimait l'histoire. Sésostris marqua ses immenses conquêtes par l'érection de cent temples. Ces caractères massifs parlent moins clairement que nos petits caractères mobiles pour perpétuer la mémoire des événemens. Une feuille légère de papier, qui se renouvelle et se multiplie, vole avec les siècles ; elle voyage de compagnie avec le temps, portant toujours sur elle, pour l'instruction du présent, l'empreinte du passé. L'incendie de la bibliothèque d'Alexandrie n'eût pas été une calamité irréparable, si l'imprimerie avait multiplié les exemplaires qu'elle renfermait. On a bien pourtant quelques reproches à faire à cette invention de Guttemberg.

Elle est parfois trop complaisante ;
Le vice, la vertu, le vrai, le mensonger,
La trouvent, pour se propager,
Également obéissante ;
Mais c'est un petit mal à côté d'un grand bien ;
Qu'est Zoïle imprimé près de Quintilien ?
On pardonne à la presse, organe de Corneille,

De l'avoir été de Pradon.
Un bon écho cesse-t-il d'être bon,
Parce qu'il rend également le son
Du linot et de la corneille?
Le fleuve des écrits, qui déborde partout,
Roule avec du limon un or pur qui l'absout.
Devant la vérité le faux n'a plus de prismes,
La chose fait tomber la vanité des mots.
Un homme de génie éclipse tous les sots ;
Un seul trait de raison confond mille sophismes.

J'oublie que nous sommes à dîner ou plutôt à souper. Ce repas fait, nous nous couchons pour prendre le lendemain matin, à six heures, la route de Crécy où ma femme, mon cousin et sa fille nous attendent.

DÉPART POUR CRÉCY.

Le dimanche, en descendant de l'auberge à six heures, nous trouvons à la porte notre barque toute gréée pour cingler vers Crécy. Elle a pour patron un cocher, pour vent deux chevaux, et quatre roues pour rames. Elle vogue. Adieu Meaux! Nous te reverrons lundi soir.

Le trajet jusqu'à Crécy ne fut guère moins aimable que notre promenade de la veille. Cette partie de la Brie est un pays de petite culture, dont les aspects variés ont plus de charme que ces pays à grande culture qui sont plus imposans par l'étendue de leurs plaines de blés. Mais ce grandiose a, comme toutes les majestés, de la monotonie. Voilà pourquoi le spectacle de la mer finit par ennuyer, tandis qu'on trouve toujours nouveau celui d'une rivière qui, dans ses plis et replis, tantôt forme un bassin et tantôt une route fluide, plus ou moins large, droite ou courbe; ici elle disparaît derrière des côteaux et reparaît là dans les vallées, soit en plein, soit brisée à travers des rideaux de verdure, dont les interstices semblent la découper en étoiles scintillantes.

Quincy, Couilly, le Pont-aux-Dames, jolis villages plantés sur la route, comme des reposoirs, nous voient passer sans nous arrêter. Crécy est le grand reposoir qui attend notre station.

Nous y arrivons humectés par une petite pluie qui nous a traités comme la rosée traite les fleurs.

CRÉCY.

Ma femme était à la fenêtre de l'auberge l'œil braqué sur la rue que nous devions enfiler. Son air de joie à notre aspect m'a inspiré une sensation plus vive qu'à l'ordinaire. Pourquoi? Était-ce un avertissement de jouir de ce que je devais perdre bientôt?

En effet ma femme jetait en ce moment les dernières lueurs d'une santé qui allait la quitter irrévocablement. Elle semblait, à force de contentement, vouloir mettre à profit cette santé prête à s'éteindre; mais n'anticipons point sur la catastrophe qui a marqué le terme de notre course.

Voyageurs religieux, nous étions arrivés à temps pour aller entendre la grand-messe chantée par un curé qui fut mon camarade de collège. Il y a peu de villes dans le royaume où le culte se fasse avec autant de décence, je dirai même avec autant d'élégance qu'à Crécy. On ne s'aperçoit point là de la pauvreté des autres églises.

MINIMES.

Nous avons passé près de trente-six heures à Crécy. Le dimanche a été employé en promenades et en deux bons repas. Le jardin Guillonet, la maison des anciens minimes sont des curiosités dont la visite est d'obligation. J'ai dit ailleurs ce qu'était le jardin du vieux docteur, mais je n'ai point parlé du couvent des minimes qui valait bien l'honneur d'une mention. C'est aujourd'hui une habitation particulière fort agréable, baignée de tous côtés par le Morin. On se donne autour de cette maison le plaisir de la pêche et de la navigation.

Une des cent tours dont les débris environnent encore Crécy est restée debout au milieu du jardin.

Elle lie le temps gothique au temps présent.

Ce serait pour madame Radcliff un Pérou romantique que la découverte d'une telle mine à spectres, à revenans, à reptiles immondes, à débris de chaînes rompues, d'armures rongées de rouille, d'ossemens animés, et cela dans l'enceinte d'un ancien monastère d'hommes, voisin d'un couvent de femmes qui a donné son nom au Pont-aux-Dames ! Madame Radcliff trouvant cette tour vide eût été au surplus maîtresse de la meubler à sa fantaisie, et d'en évoquer qui bon lui eût semblé.

>Elle eût pu de ses cavités
>Faire sortir toutes les nuits un spectre,
>Les yeux en feu, les bras ensanglantés,
>Comme on peint le frère d'Électre.
>C'eût été l'ombre d'un baron,
>Au temps des fureurs féodales,
>Fléau des vassaux du canton,
>Et minotaure des vassales.
>Ce spectre en casque aurait eu pour suivant
>Un spectre en froc, vieux débris du couvent,
>Qui, passant le Morin sans nacelle et sans rames,
>Irait encor, comme de son vivant,
>Rôder autour du Pont-aux-Dames ;
>Et, de ce dernier lieu, s'échapperait voilé
>Un fantôme à longs plis, d'une guimpe affublé,
>Qui, de ses feux trahis se reprochant le crime,
>Viendrait de son malheur gourmander le minime.

Un baron Sardanapale, un minime séducteur, une nonne séduite, leurs ombres errantes, voilà de quoi donner un pendant au roman du moine.

Notre promenade a été interrompue par un orage qui nous a bloqués dans une salle de billard, où j'ai été battu comme à mon ordinaire. Je suis à ce jeu un pauvre Darius qui rencontre toujours des Alexandres. Chaque partie est pour moi une bataille du Granique.

Le reste du jour a été beau. Le lendemain, quoique pluvieux, nous a permis de faire le tour de la ville ; nous avons pu montrer à ma femme le berceau de notre famille paternelle. C'est aujourd'hui l'habitation d'un mégissier qui tient cabaret. O temps, comme les choses se dénaturent sous ta main ! Tout défiguré qu'est ce manoir, son aspect m'a fait rétrograder de quarante ans. J'y venais, étant écolier, passer mes vacances avec mon cousin et mon condisciple Joseph.

C'est là que ce cousin Joseph, en dépit de son apprentissage ecclésiastique, a eu avec le diable plus d'un démêlé dont il n'est pas sorti intact. Le diable vainqueur lui ordonnait d'aller, la nuit, faire amende honorable aux genoux d'une voisine.

Un jour que Joseph avait un de ces arrêts à exécuter, et qu'il s'y disposait, son frère aîné, qui n'entendait pas qu'on dût se soumettre aux volontés du diable, prétendit, pour le salut du tonsuré, l'empêcher de les remplir. Il s'avisa de fermer la porte par où le condamné devait sortir. Que fit le diable ? Ce n'est pas lui qui, en fait de ruses, se trouvera en défaut contre la sévérité d'un frère aîné ; il apparaît au prisonnier.

Ton frère aîné, dit-il, se moque-t-il de moi ?
Il prétend s'opposer à ton obéissance !
 C'est un faquin. Mon ami, souviens-toi
Du grand juge Dandin, ce pilier d'audience,
Qui, chez lui, mis sous clef par d'insolens valets,
Vint par le soupirail prononcer ses arrêts.

Eh bien! mon cher Joseph, c'est par la même issue
Qu'il faut, pour m'obéir, pénétrer dans la rue.
 Il dit : Joseph à la cave descend,
Sur la pente du mur comme un chat il se glisse,
Et, poussé par le diable, atteint à l'orifice,
En sort, et chez sa belle arrive triomphant.
Quelle a, me direz-vous, été sa récompense?
 Je l'ignore, Joseph eut soin,
Secondé par la nuit, de garder le silence.
Le diable seul le sait, et la chose, je pense,
 Fut bien digne d'un tel témoin.

De cette maison, dont le soupirail fut si utile à Joseph, nous avons été jouir pour la dernière fois de la piquante vue du Morin au moulin de la porte Dame-Gille. La marche fatiguait ma femme dont les pieds commençaient à faiblir, sans qu'elle se doutât, ni moi non plus, que ce fût un symptôme de l'événement qui l'attendait à Paris. Cette incommodité nous fit abréger la promenade et rentrer à l'auberge.

J'ai revu, en y allant, une femme de Meaux que je n'aurais jamais reconnue, si on ne l'avait pas nommée. On la citait de mon temps comme une des plus jolies personnes de la ville; elle me semblait telle en effet. Je l'ai retrouvée sourde comme un pot, et ratatinée comme la fée Urgèle.

  Oh! combien le temps est brutal?
  Il se moque des beaux visages,
  La beauté subit ses outrages,
  Comme le plus laid animal.

C'est bien assez de la vieillesse,
Faut-il y joindre la laideur?
Qui donc empêcha notre auteur
De perpétuer la jeunesse?
Avant de les anéantir,
Pourquoi dégrader nos machines?
Quand le trépas vient nous saisir,
Il ne trouve que des ruines.
En détail on nous fait mourir.
Dieu qui créa tant de merveilles,
Laissant chaque être intact et sain,
N'aurait-il pu du genre humain
Supprimer les vieux et les vieilles,
Et faire qu'au moment prescrit,
L'homme, affranchi de décadence,
Au dernier gîte descendît
Sans déficit et sans souffrance,
Comme s'il se mettait au lit?

Je viens de rimer des sottises. Nous serions trop attachés à la vie si nous restions jeunes. La vie est une pente que nous descendons insensiblement; ce qui vaut mieux que d'être jeté brusquement dans le précipice. Dieu a mieux su ce qu'il faisait, que je ne sais ce que je dis dans mon impertinent couplet.

Notre retour à l'auberge a été suivi des préparatifs du départ. Un criquet de cheval attelé à la calèche de mon cousin, qui allait prendre la poste à Couilly, a montré moins de force et de courage que des puces à qui j'ai vu traîner un char sur une table dans l'enclos des Capucines. Les puces sautaient sous leur attelage, et le criquet tombait sous le sien.

Son maître eut beau s'atteler avec lui, la voiture, quoique légère, était trop lourde pour les deux bêtes. Nous sommes pourtant sortis de ce pas à l'aide des deux chevaux qui m'avaient amené. La poste a fait le reste, et Meaux nous a revus à la lueur de ses réverbères.

RETOUR A MEAUX.

La syrène à notre arrivée se trémousse, non à chanter, mais à préparer nos chambres et notre souper. Le lendemain bon déjeûner, quelques visites dans la ville, une collation champêtre sous la tonnelle du jardin, où j'allais jadis faire mes thêmes, une promenade sur la rive gauche de la Marne. C'est là que, couché sur la pelouse, mon cousin fut étonné de recevoir sur sa figure la visite d'une grenouille, qui apparemment le prenait pour son ancien monarque, le soliveau détrôné par la grue. La téméraire dut juger, au cri du prince, que ce n'était pas un morceau de bois. Cette insolence de l'humide sujette, envers celui qu'elle prenait pour son roi, nous fit beaucoup rire.

En rentrant en ville par le marché, je rappelai les contes qui circulaient dans mon enfance sur ce quartier fantasmagorique. Là, pendant la nuit, rôdait un cheval sans tête; ici un énorme mouton avec des yeux d'escarboucles; sur cette place, un chat noir; le long de ces maisons, l'ombre d'un curé en surplis; du côté de la halle, le fantôme d'un voleur repentant qu'on y avait pendu; plus loin un loup-garou; à l'embouchure de cet égout, le diable avec ses cornes; et sur le bord de l'eau, l'âme d'une blanchisseuse qui battait son linge. Je me souviens de l'effroi que m'ont causé ces récits; je trouvais plus sûr et plus court d'y croire que d'aller vérifier s'ils étaient faux.

Notre auberge avait changé d'allure pendant notre absence. Deux sentinelles dehors, un général dedans, grand feu à la cuisine, grand mouvement dans la cour. Nous retrouvons cependant nos logemens libres.

Le bruit des trompettes des cuirassiers et celui des chevaux nous réveillent le matin. Ils annoncent la revue que le général doit passer du côté de la chaussée de Paris.

Il part, et nous ne tardons pas à le suivre pour retourner dans nos foyers.

RETOUR A PARIS.

Pendant que le général passait sa revue sous des flots de pluie, nos barques filaient à pleines voiles devant le champ des manœuvres. Celle de mon cousin avait à bord lui, sa fille, ma femme et une femme de chambre; la nôtre portait la même cargaison qu'à notre départ.

J'avertis mes friands enfans de saluer à Belair l'habitation d'un pâtissier qui en fit élever trente

A MORFONTAINE.

aussi légères que ses galettes, auxquelles il dut le surnom de *Fine-Croûte*.

La Beuvronne, qui cache ses eaux sous l'ombrage comme la violette cache sa tige sous le gazon, se trahit par son murmure, ainsi que la fleur par son parfum. Cette petite rivière, la Tamise de Claye, est dirigée vers le canal de l'Ourcq pour se confondre dans la grande naumachie parisienne, de même que les divers talens de la province viennent se réunir au grand foyer de la capitale, et concourir à le perpétuer.

Notre quintetti et le quatuor qui roule avec le cousin s'arrêtent pour déjeuner sur les rives de cette modeste Beuvronne. Repas charmant! qui fut exploité du meilleur appétit, malgré le tonnerre qui faisait vibrer les vitres, et la pluie qui les fouettait. C'est dans ce déjeuner que ma femme a, pour ainsi dire, exhalé son dernier soupir de joie et de santé. Un instant aussi doux ne devait plus renaître pour elle. Elle n'est plus, au moment où j'écris, qu'une ombre vivante.

   Qu'êtes-vous devenus, plaisirs de ma jeunesse,
   Fruits charmans d'un hymen longuement désiré,
   Qui, dans les temps d'effroi, de deuil et de détresse,
   Eclairiez d'un jour doux mon asile ignoré?
   C'est vous qui me donniez le courage de vivre,
   Dans ces horribles temps, où chacun, dégoûté
   De respirer un air par le crime infecté,
   Pleurant ses amis morts, s'apprêtait à les suivre
       Au gouffre de l'éternité.
   Ma compagne pour moi fut une providence

>   Bien préférable à la faveur
>   Qu'aveuglément la fortune dispense.
>   Coulant près d'elle en paix ma modeste existence,
>   Satisfait de mon lot, nul désir en mon cœur
>   Ne s'est montré pour l'opulence;
>   J'avais tout, j'avais le bonheur.

Ce bonheur a duré trente ans. La catastrophe qui me l'a ravi en une minute est un coup de tonnerre qui termine une belle journée par la dévastation.

Cependant, sans me piquer de stoïcisme, je ne me laisse point abattre. Je me dois à mes enfans; et quoique bien éclairé par l'état de ma femme sur la fragilité de la vie, j'y tiens encore; je ne repousse pas ce qui peut en tempérer honnêtement la tristesse.

>   La vie est trop souvent un maussade repas.
>   Pour quelques mets sucrés combien pleins d'amertume!
>   A leur diversité le sage s'accoutume,
>   Et par de vains dégoûts ne les empire pas.
>   Laissons faire la mort, harpie infatigable,
>   La mort vient nous surprendre à l'entrée, au dessert;
>   Visite inopinée autant qu'inévitable.
>   Du faible, en l'attendant, si l'appétit se perd,
>   Le fort garde le sien et reste imperturbable.
>   Mangeons donc, quel qu'il soit, l'aliment qu'on nous sert,
>   Il est fou de jeûner tandis qu'on est à table.

Cela signifie tout simplement qu'il faut vivre pendant qu'on vit. Fallait-il, me direz-vous, onze vers alexandrins pour exprimer cela? C'est un air que j'ai brodé. La note nue ennuie, demandez-le aux *dilettanti* de l'*Opéra-Buffa*. Je suis, il est vrai, moins bon brodeur que mesdames Fodor et Pasta, que Pellegrini, Garcia, Bordogni; ma lyre n'est pas leur voix, mais elle fait ce qu'elle peut pour chanter à la mode.

Nous quittons Claye après déjeûner, et nos voitures roulent sur l'avenue de Ville-Parisis.

VIEILLE RENCONTRE.

La distance de Claye à Ville-Parisis est une allée de jardin. Elle me rappelle une vieille rencontre que j'y ai faite en me rendant d'Anet, joli village sur la Marne, à Aubervillers, dit les Vertus, où je devais me fixer.

J'étais à pied; je me croise avec un camarade de collége, nommé Grignon, qui n'avait pas d'autre voiture. Il retournait à Meaux prendre le collier de misère, pendant que je secouais le mien. — Tiens! te voilà! où vas-tu? me dit-il. — A Paris, ou plutôt à Aubervillers qui n'en est qu'à une lieue. — Quoi faire? — Le régent après avoir été régenté. — Toi! — Oui, moi. — Es-tu sûr de réussir? — Non; mais j'ai une autre corde à mon arc. — Quelle est-elle? — Ceci, lui dis-je, en tirant de ma poche un sac de parchemin qui contenait mes œuvres. Si le métier de régent m'ennuie, je vais à Genève me faire imprimer. — A Genève! répond-il, pourquoi pas à Paris? — J'ai mes raisons.

Ces raisons étaient que, tranchant de l'esprit fort, ni plus ni moins que Rousseau et Voltaire, et me croyant appelé à les remplacer tous deux, je n'imaginais pas qu'aucune presse de France osât se rendre complice de mes hardiesses ; je regardais donc Genève comme le rempart que je devais choisir, à l'exemple de mes devanciers, pour lancer mes foudres en sûreté.

Grignon parut ébahi. Accoutumé à me voir polissonner avec lui, il ne pouvait concevoir que je fusse devenu à son insu un homme assez redoutable pour avoir besoin de l'abri d'un pays neutre contre le ressentiment du gouvernement français.

Nous nous quittâmes, lui avec un sourire d'incrédulité, moi avec un sentiment de confiance qui confondait l'insulte du sien.

Je me souviens que parmi les papiers de mon sac se trouvait un monologue dans le genre de celui du Caton d'Addisson. Un jour, prenant je ne sais quel plaisir à épaissir les ombres de ma vie, je rêvai, dans l'héroïsme de ma morosité, que le meilleur moyen de les éclaircir était le suicide. Je m'y préparai par une élégie d'adieu à ma patrie ; car il était alors de la politesse de ne pas quitter une compagnie sans la saluer.

Je ne me rappelle de ma salutation que ce modeste hémistiche qui commençait la pièce :

France ! que vas-tu perdre ?......

La France, comme vous voyez, n'a rien perdu; mais la pièce où je l'avertissais de porter mon deuil n'existe plus pour elle. Cette pièce, et les autres du même sac, ont successivement servi à faire des papillottes; heureusement qu'on se frisait dans ce temps-là, car leur sort aurait pu être pire.

Je croyais avoir des ailes, j'ai bientôt reconnu que je n'avais que des pieds; ainsi, ne pouvant voler, j'ai marché.

Jeunes gens qui pensez que l'art de votre plume
Fera mieux qu'on n'a fait, dira mieux qu'on n'a dit,
A la présomption votre tête s'allume,
  Mais l'âge mûr la refroidit.
  Instruisez-vous par mon exemple.
L'amour-propre est toujours un miroir qui grandit
  Le Narcisse qui s'y contemple.
Le temps vient qui le casse; adieu l'illusion !
Le géant disparaît; sage alors qui travaille
  A baisser son ambition
  A la mesure de sa taille !
Tel croit par ses grands mots commander aux esprits,
Comme par leurs firmans commandent les despotes,
Qui souvent voit, hélas ! ses immortels écrits
Sous les doigts du coiffeur mourir en papillottes.

Vous souriez, grave jurisconsulte, à cette épigramme qui vous rappelle certains élèves de droit rêvant, au sortir de l'école, qu'ils vont recommencer Cicéron, et qui souvent sont trop heureux de prendre une étude d'avoué pour théâtre de leur éloquence. Je ne décourage point les jeunes talens qui ont la conscience de leurs forces; mais je les avertis de ne pas se les exagérer. La présomption en fait plus avorter que la modestie.

RENTRÉE A PARIS.

Les cinq lieues qui séparent Ville-Parisis de Paris sont franchies. Nous appercevons cette barrière monumentale, chef-d'œuvre du talent peu réglé de Le Doux, bel amas de pierre que le voisinage du grand bassin de la Villette a mis en harmonie avec la beauté de l'emplacement. Espérons que ce bassin occidental d'eau limpide n'aura pas long-temps pour pendant ce bassin oriental qui est loin d'offrir la même limpidité, et que l'on cache avec autant de soin qu'on montre l'autre.

Nous rentrons dans notre coquille. Mais quelle calamité y pénètre avec nous! ma femme est assaillie d'un coup subit qui la tue sans l'anéantir. Le cercle de mes afflictions s'ouvre, il ne se fermera plus. Je perds l'assistance, les consolations de ma meilleure amie. Vous la connaissiez : vous l'avez vue jeune, spirituelle, brillante; pleurez son malheur et le mien.

Adieu.

VOYAGE

AUTOUR DE

MON JARDIN.

(juin 1821.)

Il y a dans mon être deux *moi* qui ne s'entendent guère mieux que les deux *moi* de Sosie, dont l'un est battant et l'autre battu.

J'ai un *moi* qui, attaché à la glèbe depuis son jeune âge, s'est habitué à ne jamais la quitter. J'en ai un autre plus récalcitrant qui voudrait courir le monde.

Ce dernier *moi* fait tapage. Il veut à toute force se mettre en route. Peu importe où il ira, pourvu qu'il marche ! Il faut, dit-il un matin à son frère, que tu cèdes à ma fantaisie, à quelque prix que ce soit. Cependant je suis raisonnable ; entendons-nous ; je t'épargnerai la perte de temps, la fatigue et la dépense. Il ne s'agit pas de faire le tour du monde ; je me bornerai à celui de ton jardin, comme l'ingénieux M. de Maistre s'est borné autour de sa chambre. Tu n'as pas son esprit, mais ton espace est plus grand ; tu n'auras point son succès, mais c'est à moi que tu as affaire, et je serai moins exigeant que le public. Allons! en route.

Eh bien! monsieur mon *moi*, je ne vous refuserai point, puisque vous accommodez votre caprice à ma position.

Vous donc, amateurs de voyages, qui désirez faire connaissance avec les lieux ignorés, accompagnez-moi, je pars; j'ai déjà traversé Chaillot et Passy, j'entre dans un vaste parc ouvert aux cavaliers, aux piétons, aux charrettes, aux carrosses, à tout ce qui a des roues.

Un poète, berné par Boileau, a dit :

« Par sept bouches l'Euxin reçoit le Tanaïs. »

Je pourrais dire :

Par sept portes ce parc reçoit les voyageurs.

Non loin d'une de ces sept entrées, à l'est du parc, appelé *bois de Boulogne*, est une grande avenue sur la lisière de laquelle il s'en trouve une petite qui mène à une maison ornée d'un péristyle soutenu par quatre colonnes.

L'inventaire pittoresque de son intérieur pourrait, sous la main d'un amplificateur, former un livre comme celui de Pausanias. Le lecteur me saura gré de me borner à lui dire que ses habitans y tiennent, avec une taille ordinaire, comme des cartons dans les cases d'un serre-papier.

Vous sortez de la maison par un second péristyle

qui regarde le midi comme le premier regarde le nord. Le péristile du midi étale seize colonnes de bois, qu'un mauvais plaisant pourrait comparer à un jeu de quilles; mais qui, par leur distribution, produisent un effet moins grotesque.

Sous ce vestibule, d'environ trente pieds de long sur neuf de large, sont disposés six bustes, dont la matière est moins recommandable que le sujet; car la matière est de plâtre, et le sujet l'Apollon du Belvédère, Épicure, Cicéron, Démosthène, Sénèque et Socrate.

Le devant du porche est garni de caisses de lauriers pour mettre à proximité de ces têtes ce qui doit éternellement les couronner.

On lit au-dessus d'une des portes d'entrée une inscription imitée de celle qu'Arioste mit sur sa maison de campagne, et dont je me rappelle ces mots que m'a dits M. le comte Corvetto :

Parva sed apta, non sordida, parta ære meo.

Voici cette imitation :

Commode et petit toit! propriété gentille,
Acquise des deniers gagnés par mon labeur!
Doux asile de paix! tu caches mon bonheur :
Puisse-t-il comme toi passer à ma famille!

En sortant du porche du côté du sud-ouest, et tournant au nord, vous apercevez une colonnade, non de marbre ou de granit, pas même de pierre, mais de poteaux sveltes que le rabot a polis. Elle repose sur une plate-bande de fleurs, et supporte un toit destiné à couvrir une rangée de huit bustes antiques qui ont chacun leur inscription. Car il est bon que l'on sache que dans le jardin où je voyage les inscriptions fourmillent. C'est un recueil toujours ouvert de quatrains; les murs sont les pages où ils se lisent.

Un quatrain qui sert de préface aux autres s'exprime de cette manière :

> Des murs bavards qui ceignent ce lieu-ci,
> Le radotage vous étonne !
> Quand on a fait chanter les arbres à Dodone,
> On peut faire parler les pierres à Passy.

Je reviens à la colonnade et aux huit bustes qui l'accompagnent.

Les iconoclastes littéraires qui font la guerre aux saints de l'ancienne légende mythologique, me sauront mauvais gré du choix de ces bustes. Pour moi, jusqu'à ce qu'on trouve en symboles poétiques quelque chose de mieux que la théogonie des Grecs et des Latins, j'en userai comme on use des mots admis dans la langue. Les noms mythologiques font partie de notre vocabulaire, et je ne vois pas pourquoi la désuétude l'en appauvrirait.

J'aime le neuf autant et peut-être plus que ceux qui le recherchent; mais le vieux, quand sa bonté est éprouvée par les siècles, ne doit pas être capricieusement abandonné.

On peut d'ailleurs donner un air de rajeunissement à la Fable par la manière de l'employer, comme de l'originalité au style par l'arrangement des mots, quoique ces mots appartiennent à tout le monde. Ayez un caractère qui vous soit propre comme votre figure, ne songez à imiter personne, soyez vous, et l'on vous distinguera par le style comme par le visage.

La langue est un transparent qui réfléchit les idées. Que vos idées soient neuves, et le transparent prendra leur couleur, sans que le fond de son tissu soit changé.

Maintenant que je me suis justifié sur mes bustes, je vais vous les faire passer en revue.

Vous voyez d'abord une prêtresse de Vesta, enveloppée de son chaste voile qui laisse voir une figure bien faite pour inspirer à un profane le désir de lui faire rompre ses vœux.

Vous ne vous douteriez pas que l'inscription dont elle est l'objet fût une maxime financière.

La voici :

> Que te sert la beauté? toi, qu'un joug désolant
>   Au temple de Vesta confine.
> L'or n'a point de valeur enfoui dans la mine,
>   Il n'a de prix qu'en circulant.

A côté de cette Vénus cloîtrée est une prude altière qui aimait à courir les bois et qui s'humanisa en cachette avec un beau berger à qui elle a pu dire ce qu'une autre prude disait à André :

André! mon cher André! vous faites mon bonheur.

Je veux parler de Diane qui, si elle consentait à se montrer à celui qu'elle aimait, n'entendait pas qu'un autre la lorgnât, quand elle était au bain.

Ce caprice est tancé dans cette inscription :

J'honore ta pudeur, déesse belle et fière!
Mais je blâme l'excès de ton ressentiment;
Actéon dévoré paya trop chèrement
Le plaisir, quel qu'il fût, d'avoir vu ton derrière.

L'œil glisse sur cette figure superbe pour aller se reposer sur une autre non moins parfaite, mais infiniment plus encourageante. C'est la Vénus de Médicis. Elle devait se présenter dans cette beauté idéale à l'imagination de Lucrèce, quand elle lui inspira sa sublime invocation.

N'ayant pas l'honneur d'être Lucrèce et borné d'ailleurs aux limites du quatrain, je ne puis adresser à Vénus que celui-ci :

De vie et de plaisir source aimable et féconde!
Tu fais à tes autels marcher tout l'univers,
O Vénus! et le jour qui les verra déserts
Sera le dernier jour du monde.

J'ai dû faire suivre la figure de Vénus de celle de la femme qui l'a le mieux servie et chantée, Sapho dont la ferveur méritait de trouver un compagnon plus digne d'elle. Son malheur n'a pas corrigé les autres femmes, qui cependant ont la sagesse de ne pas prendre autant la chose au tragique; c'est ce que dit l'inscription :

> L'Amour a de Sapho hâté la dernière heure;
> Elle aima trop un fat qui devint inconstant.
>   Plus d'une femme en fait encore autant,
>   Mais il est rare qu'elle en meure.

Après cette victime d'un amour trop violent, mais au moins très-naturel, se montre un individu célèbre qu'un sentiment moins avoué a fait diviniser, et dont le sexe a usurpé des hommages dûs à l'autre. Antinoüs méritait une inscription sévère. Il est apostrophé ainsi :

>   Bizarre objet d'un caprice idolâtre!
>   Il aurait fallu qu'Adrien,
>   Pour son honneur et pour le tien,
>   Ainsi que nous, ne t'eût connu qu'en plâtre.

Le voisin de ce beau jeune homme en est un autre qui a mésusé comme lui de sa beauté, mais d'une autre manière; et, quoique moins coupable, il a été plus malheureux. Des temples se sont élevés pour l'un, l'autre a causé la ruine de ceux de sa patrie et la chute de cette patrie même. Pâris, plus célèbre par son équipée que par sa valeur, est ainsi désigné :

> Séducteur sans courage! indolent jouvenceau!
> Ta beauté n'aurait pas trouvé d'Hélène en France.

Nous voulons qu'à l'amour se joigne la vaillance,
Et chez nous le plus brave est aussi le plus beau.

Parlez-moi de l'acolyte que j'ai donné à Pâris! ce n'est point un personnage fade; et si Hélène en avait essayé, il est à parier que ce n'est pas le fils de Priam qui eût excité la colère de Ménélas. Ce personnage, qui inspire la joie et quelque chose de plus vif, de plus effronté, est un des chefs-d'œuvre de la sculpture grecque. On devinera sa qualité par cette inscription :

Que viens-tu faire ici, dieu libertin des bois?
Viens-tu, las d'être oisif, chercher de la besogne?
Tu ne pouvais, pour tes exploits,
Choisir un plus beau champ que le bois de Boulogne.

Le huitième buste est un demi-dieu marin nommé Palémon. J'ai vu dans le Dictionnaire de la Fable de Chompré qu'il était petit-fils d'Éole. M. Visconti m'a dit que Chompré se trompait; mais comme mon inscription était faite, j'ai donné raison à Chompré contre M. Visconti.

Palémon est en face de Meudon, d'où nous viennent les coups de vent qui font voler nos tuiles et tomber nos fruits.

Voici son quatrain.

Du dieu des vents humide petit-fils,
Tu quittas l'Océan, ton séjour ordinaire,
Et devant Meudon tu t'es mis
Pour regarder le lieu d'où souffle ton grand-père.

La colonnade est arrêtée aux deux extrémités par deux édifices à triple étage élevés pour servir d'habitation à six ménages ailés dont la jeune postérité, en dépit des préceptes de Pythagore, passait du nid dans ma cuisine. Je me suis lassé de faire le rôle cruel du Cyclope qui ne soignait ses hôtes que pour les manger. Ces innocentes familles n'ont plus leurs pénates chez moi. Lorsque leur habitation était occupée, son frontispice portait l'inscription suivante :

> Vous servez, doux ramiers, de coursiers à Cyprine ;
> Mais de votre destin le terme est-il plus beau ?
> Le plus noble cheval tombe sous le couteau,
> Vous êtes embrochés ou mis en crapaudine.

Quels sont au surplus les êtres dont la fin ne soit pas tragique ! la vieillesse et les maladies sont autant de couteaux et de broches incessamment en action pour défigurer, martyriser, détruire le genre humain. Hélas ! à tout prendre, l'homme n'est pas mieux traité que les pigeons et les chevaux : après avoir mangé les bêtes, n'est-il pas mangé lui-même ? Il a son âme qui lui survit. Autre malheur ! mieux vaudrait pour beaucoup n'avoir jamais eu d'âme. Car c'est par là qu'ils sont rattrapés pour expier leurs fredaines.

Au bout de la colonnade s'élève un bâtiment qui a quatre destinations :

La première est un vestibule qui se ferme et s'ouvre de toute sa largeur sur le bois. Il n'y avait autrefois dans cette pièce qu'une de ces petites voitures inventées, dit-on, par Pascal pour pousser un fardeau devant soi, au lieu de le porter sur le dos. Il y a aujourd'hui, jusqu'à nouvel ordre, quelque chose de mieux. Mais avant que ce quelque chose y fût, on lisait sur le mur ce qui suit :

> En attendant que le sort me procure
> Un pavillon roulant porté sur double essieu,
> J'ai fait placer ma brouette en ce lieu,
> Pour qu'on y voie une voiture.

Au fond du logement de cette locataire utile est une salle à manger servant aussi de chambre à coucher, et même, s'il faut le dire, de garde-robe aux individus à qui elle est destinée. Elle a été longtemps vide; et pendant qu'elle l'était, j'avais annoncé l'usage que j'en ferais par cette inscription :

> Auteurs nains! qui croyez vous grandir par l'emphase;
> Je réserve ce lieu pour loger un baudet.
> Pardonnez-moi si ce projet
> Vous dérobe votre Pégase.

Sortez de l'écurie et de la remise par la porte latérale de l'Est ; arrêtez-vous là, vous vous trouverez dans un angle d'où vous jouirez d'un point de vue qui en vaut la peine. Deux pelouses jumelles se développent, les yeux seuls peuvent s'y promener. Défense aux pieds de prendre la même licence ! Ce serait, pour ainsi dire, attenter à la virginité. Ces pelouses sont enjolivées de fleurs et d'arbustes comme une bergère de rubans. Du fond de cette perspective se détache un haut piédestal qui supporte un vase, et dont les quatre faces ne sont pas muettes. Car le quatrain fait tout parler ici.

Vous croyez que ce piédestal est massif, non. Cette inscription vous dira ce qu'il recèle :

> Pour rafraîchir mes fleurs et mon gazon,
>   Une Naïade libérale
>   S'est unie avec le piston.
> Ceci cache à vos yeux leur couche nuptiale.

Cette explication n'est-elle pas assez claire? en voici une autre :

> La vérité, dit-on, au fond d'un puits repose,
> Je ne garantis pas que ce soit dans le mien ;
>   Mais ce que je garantis bien,
> C'est qu'on trouve la paix dans le lieu qu'il arrose.

J'oubliais de dire que sur une des faces de ce piédestal est incrusté en relief le portrait de ma femme. Il l'a représente belle encore. Elle l'était en effet quand ce portrait fut placé. Elle a péri avant le temps sans cesser de respirer. Ce portrait lui survit comme elle se survit à elle-même.

> Tendre mère de mes enfans!
> Devais-tu m'inspirer des complaintes chagrines?
>   Toi qui pour moi, pendant plus de vingt ans,
>   As de la vie émoussé les épines!

Nos nœuds se sont formés dans les jours malheureux ;
Nous avons connu la misère,
Mais pour souffrir nous étions deux,
Et la peine était plus légère.
Notre hymen fut fécond, mais hélas! dans leur fleur,
Sous la faux de la mort ses premiers fruits tombèrent.
Dans ce malheur commun, unis par la douleur,
Sur leurs tombeaux chéris nos larmes se mêlèrent.
Je n'imaginais pas que mon âme jamais
D'un trait plus déchirant pût être pénétrée.
Privé, sans être veuf, de celle que j'aimais,
D'un deuil plus accablant ma tendresse est navrée.
Ma femme est sous mes yeux ; ce n'est plus elle, hélas!
C'est une ombre affaisée, un débris d'existence,
Une ruine informe échappée au trépas,
Un corps rétrogradé vers la première enfance.
Que t'ai-je fait, ô ciel! pour voir à mon déclin
Un spectacle aussi lamentable?
Séparé d'Eurydice, Orphée eut un destin
Qui n'était pas plus déplorable.
La Thrace a retenti de ses chants de douleur ;
Je n'ai pas son talent, mais j'ai tout son malheur.

Poursuivons. On m'accusera de ne pas faire *grace d'une laitue*. On me dira :

« Qui ne sait se borner ne sut jamais écrire. »

Il ne s'agit pas de cela. Je ne vous en ferai pas moins remarquer cette plate-bande circulaire en avant des pelouses, et ce bassin mignon qui se vide et se remplit à la main, pour désaltérer les fleurs, ses voisines. Mes fourmis le prennent pour un lac.

Le bâtiment, qui a quatre destinations dont deux sont déjà décrites, regarde ce lac où Narcisse se serait miré comme dans un miroir de poche. Une porte centrale, accompagnée de deux légères colonnes mauresques qui soutiennent un petit attique, mène à deux pièces, dont une est annoncée au bas de l'escalier par ce quatrain :

> La lice des combats est ouverte en ce lieu,
> Les pleurs n'y viennent point attrister la victoire.
> Au lieu de plomb chassé par le salpêtre en feu,
> On ne se sert ici que de balles d'ivoire.

Vous entrez au billard. Une perspective inattendue rend la queue immobile aux mains du joueur. Qu'est le tapis vert? que sont les billes, auprès de ce spectacle? il s'agit bien de faire rouler ces boules! c'est l'œil qui roule depuis la pointe de Grenelle jusqu'à l'angle de Bellevue.

La Hire ne passait pas devant un moulin à vent sans se découvrir par respect pour l'inventeur inconnu.

Chapeau bas! voici ceux de Mont-Rouge; les premiers qu'on ait imités en France d'après les modèles que les croisés avaient vus en Asie.

Chapeau bas! journalistes, s'il en est ici; j'aperçois dans le voisinage de ces moulins l'ancienne maison de votre maître Martin Fréron.

Chapeau bas! dramaturges, je découvre l'habitation de l'auteur de la *Brouette du Vinaigrier*.

Chapeau bas! ambitieux qui couvrez d'un air

de modération votre soif du pouvoir ; inclinez-vous devant cette maison du village d'Issy, où est mort le cardinal de Fleury, votre patron.

Chapeau bas! hommes superbes; Clamart est devant vous. Lisez-y en caractères figurés par des tombes et des croix l'arrêt qui condamne votre orgueil : *Vanitas vanitatum.*

Mais c'est assez contempler, frappons ces billes, et donnons, en les jetant dans la blouse, une parodie des jeux de l'ambition, où tant de gens s'escriment à qui poussera son rival dans le fossé.

De la salle de billard, peinte en forme de tente, vous passez dans un petit salon donnant sur le bois, et d'où vous découvrez le Calvaire et les côteaux qui lui servent de gradins. L'œil fait de ce salon des invasions aussi vastes et non moins innocentes que de la salle de billard.

Ce réduit est comme une petite loge de spectacle. Le bois de Boulogne est le parterre, et les hauteurs du Calvaire sont le théâtre. Les représentations de ce théâtre sont plus édifiantes que ce qui se passe au parterre qui en est fort peu occupé.

On prie, on se sauve sur l'un,
Et souvent dans l'autre on se damne ;
Au Calvaire on gravit à jeun,
Et dans le bois plus d'un profane
Ferait dix déjeûners pour un.
   La piété, la pénitence
Poussent au mont Valérien

Le repentir et l'innocence ;
L'ombre des taillis, leur silence
Attirent maint mauvais chrétien,
Qui, pendant que le bon Dieu verse
Ses grâces sur le mont divin,
Viennent avec l'esprit malin
Sans pudeur se mettre en commerce.
 L'un, dirigeant en quarte, en tierce,
La pointe d'un fer assassin,
Cherche dans sa partie adverse
L'endroit vulnérable du sein,
Pour porter un coup qui le perce.
 Un autre, de vivre ennuyé,
Trop faible contre l'infortune,
Fait, par son crâne foudroyé,
Sortir l'âme qui l'importune ;
Tandis que, livrés au plaisir,
D'autres, à table ou sur l'herbette,
De la vie aimant à jouir,
Rendent grâce au Dieu qui l'a faite.

Quittons la loge d'où l'on voit le lieu qui cache ces diverses scènes, et redescendons au jardin. Je vous ai parlé de l'intérieur du bâtiment ; je ne vous ferai pas grâce de l'extérieur. Il est flanqué de trois bustes et de quatre petites figures.

Les bustes sont : *Isis*, un jeune *Faune* et un *Mercure*.

Isis n'a rien qui ressemble à l'animal sous lequel les Égyptiens l'adoraient. C'est une fort belle femme qui a ce caractère de grandiose et de grâce dont le type est perdu. Les Égyptiens auraient été beaucoup plus raisonnables de l'adorer sous cette forme que sous celle d'une vache; à moins toutefois qu'ils n'aimassent mieux le bon lait que de beaux traits.

Le jeune faune a cette expression moitié lubrique moitié voluptueuse, qui touche aux dernières limites de la bienséance sans les dépasser. Il fallait dans l'artiste un tact bien fin et un ciseau bien docile pour se tenir sur une ligne aussi délicate.

A cet air de finesse et d'effronterie, l'habilité du statuaire a bien caractérisé, dans Mercure, l'ami d'un prince peu scrupuleux dans ses amours et ses affaires, l'individu qui ne rougit d'aucun métier pour lui plaire, et qui est tour-à-tour aide-de-camp, espion, agent de change, suborneur et filou. La qualité de maître ennoblit le valet. Tel dans le monde irait aux galères, qui dans les cours monte aux dignités. Mercure n'est-il pas dieu pour jouer un jeu à être pendu?

Les quatre petites statues sont deux Bacchantes, la Vénus réduite de Canova et un Bacchus.

Les Bacchantes sont ici les seules figures qui s'annoncent avec une inscription, que voici:

Aux Turcs qui s'abstiendront de liqueurs enivrantes
Mahomet dans son ciel a promis des houris;
Il eût fait davantage aimer son paradis,
    S'il avait promis des bacchantes.

A la suite du chemin qui borde l'édifice, on trouve, en détournant à droite, un porche à quatre colonnes carrées, sur le front d'une petite retraite, dont on devinera la destination par ce quatrain placé à l'entrée :

> Plus d'un baigneur, ne sachant point nager,
> Dans un fleuve limpide a trouvé l'onde noire ;
> Pour ne pas courir ce danger,
> J'ai fait, dans ce réduit, placer une baignoire.

Quand on ne s'y baigne pas, c'est un cabinet d'étude, adopté par mon fils aîné, qui vient y évoquer sa muse. Il est bon d'avoir quelque commerce avec ces personnes-là, pourvu qu'il ne soit pas exclusif. Les Muses, si vous n'y prenez garde, deviennent des Syrènes, contre lesquelles il est bon de s'armer de la prudence d'Ulysse.

J'ai prêché cela à mon fils, qui a moins écouté ma voix que la leur ; et je lui ai mis sous les yeux, pour étayer mes leçons, le portrait d'un homme d'esprit qui a beaucoup mieux connu la prose que les vers.

C'est la copie en plâtre du buste de marbre que Napoléon fit ériger à M. Dufresne, en 1801, dans une salle du Trésor, en mémoire de ses services.

Venu presque enfant de Bayonne à Paris, il s'éleva, par son mérite et la ténacité de son travail, des fonctions de petit-clerc de notaire à Versailles, au premier rang de l'administration financière.

Son écriture, aussi bien rangée, aussi nette que lui-même, le rendit utile à M. de Choiseul pour écrire sous sa dictée. Un intérêt chez M. de

Beaujon le dédommagea de la perte de cet emploi, quand le ministre subit cette disgrâce fameuse qui fit courir ses amis à Chanteloup avec autant d'empressement qu'ils allaient le voir à Versailles dans l'éclat de sa faveur. M. Necker emprunta M. Dufresne à M. de Beaujon, pour en faire son collaborateur dans son premier ministère. Après la retraite de ce ministre, M. de Castries, ministre de la Marine, fut trop heureux de confier à M. Dufresne l'administration des fonds de son département. M. Necker, revenu à la tête des finances, en 1788, partagea une seconde fois ce fardeau avec lui. Louis XVI, perdant M. Necker en 1790, garda M. Dufresne pour la direction exclusive du Trésor public; une autre forme, adoptée par l'Assemblée Constituante pour cette direction, la lui fit quitter en 1791. Mais Bonaparte qui, parmi ses grandes qualités, avait celle de se connaître en hommes, ayant à cœur de marquer par des choix honorables le début de son règne, obtint de M. Dufresne, après de vives instances, qu'il quitterait sa retraite du Plessis-Piquet, pour concourir avec M. Gaudin, ministre des Finances, à dégager la fortune publique du bourbier où elle était tombée. Ils y réussirent sans autre stratagème que l'ordre. L'ordre est le soin de se mettre en garde contre les trafiquans de crédit, qui échafaudent sur la ruine du Trésor celui qu'ils vendent; l'ordre est moins de se créer des moyens que de bien connaître et appliquer ceux qu'on a ; l'ordre est de compter souvent avec soi-même pour maîtriser ses affaires et ne prendre d'engagement qu'avec la certitude d'y faire honneur. Personne ne connut mieux cette pratique salutaire que M. Dufresne ; elle a été le secret de son habileté.

La considération dont il a joui valait un peu mieux que la plupart des réputations littéraires ; il avait une fortune, fruit de ses économies, un peu plus étoffée que tout ce qu'un auteur peut arracher de ses libraires ou des théâtres qui le jouent. Son buste appelait un quatrain qui offrît l'original en exemple à mon fils.

Voici ce qu'on lit au-dessous de son nom :

Laborieux, exact, il acquit en chiffrant
Et d'écus et d'honneurs une assez ample dose.
Vous qui vous escrimez soit en vers soit en prose !
Auteurs de tout calibre ! en gagnez-vous autant ?

Deux autres bustes de famille sont installés dans cette loge. Car, soit qu'on se baigne ou qu'on écrive, il est toujours agréable d'avoir sous les yeux les images des personnes qu'on aime.

Au pied de cette salle de bains et d'étude est un rocher, qui, comme elle, pourrait servir à deux fins. Le sommet serait le Parnasse, et la base une piscine pour recevoir quelque Diane en miniature, qui s'y rafraîchirait, tandis qu'un Apollon de même taille pincerait de la lyre au-dessus d'elle.

Quittez ce Parnasse de Lapon et l'eau qui en baigne le pied, avancez; vous allez vous trouver dans le quartier le plus merveilleux du jardin.

C'est le Panthéon, l'Olympe des grands hommes, leurs images y brillent environnées d'immortelles et de lauriers.

Le cœur tressaille, l'âme s'élève dans ce canton plus que romantique. Présentez les armes devant cet état-major des vainqueurs de l'ignorance. Saluez les noms de Bossuet, de Fénélon, de Colbert, de Sully, de Corneille, d'Homère, de Franklin, de Boileau, de La Fontaine, de Voltaire, de Buffon, de Rousseau, de Gluck, etc, etc.

Leurs bustes se développent sur le mur en place d'espalier. Quels fruits vaudraient de pareilles figures? A la suite de cette rangée auguste s'élève à gauche et à droite deux péristiles qui se regardent; l'un ne contient que le buste de Molière, génie qui, dans les divers genres comiques, a effacé ses devanciers de tous les siècles et ses contemporains de tous les pays. L'autre péristile forme l'avant-corps d'un temple au fond duquel repose le portrait de Racine, le plus parfait et le plus éloquent des poètes.

Racine et Molière sont, assurément, des choryphées bien choisis. Cependant j'aurais dû, peut-être, par état si ce n'est par raison, mettre à leur place Sully et Colbert. Car les arts, l'industrie et les sciences leur doivent, sinon leur naissance, du moins leurs alimens. Ces plantes ne prospèrent point dans un terrain pauvre. Sully et Colbert ont enrichi celui de France, en purgeant le trésor des sangsues qui s'y gorgeaient, et en lui créant des ressources inconnues avant eux.

Sully est le plus beau don que l'amitié ait pu faire à un roi, et Colbert le plus beau legs que Mazarin ait fait à Louis XIV.

Louis XIV, pour faire obtenir à Mazarin mourant l'absolution de ses rapines, lui en fit la concession : mais, ce cardinal, en léguant Colbert au Roi, rendait plus qu'il n'avait pris.

Les murs de mon temple du Génie sont couverts de lithographies qui représentent les émules des grands hommes que j'ai nommés.

Tout dans ce lieu rappelle aux idées du grand et du beau, du juste et du vrai. Ces hommes ont été par leurs travaux les bienfaiteurs, les législateurs, les délices du genre humain. C'est à eux qu'il est redevable de sa civilisation, de ses plus nobles jouissances et d'une attitude conforme à son titre originaire de roi des êtres, titre que rien ne justifierait sans les lois, la morale, les sciences et les arts où leur génie a initié les peuples.

Malheur à qui resterait froid devant leurs vénérables images !

Le Roi de Prusse a dit :

« Un instant de bonheur vaut mille ans dans l'histoire. »

Un égoïste peut s'emparer de cette saillie comme d'une vérité échappée à la franchise d'un grand homme, pour mettre la gloire au-dessous du bonheur, en présentant l'une comme idéale et l'autre comme palpable. C'est préférer la matière à la spiritualité. Il y a des cas où cette préférence est raisonnable, mais ce n'est point quand il s'agit de la vraie gloire, c'est-à-dire de l'illustration qu'on acquiert par les travaux qui polissent, améliorent ou charment le monde, et laissent de longues traces de lumière qui, fixant les peuples dans les sentiers de l'ordre et de la raison, les empêchent de s'engager dans les routes de la barbarie, ou les en font sortir pour les remettre dans le bon chemin.

L'amour de cette gloire, quoique dérivant, comme toutes les affections, de l'amour de soi, est le sentiment le plus généreux, en ce que les jouissances qu'il procure n'ont pas pour effet unique de satisfaire individuellement celui qui les recherche, comme fait la possession d'un objet matériel, mais de répandre au profit de toute la société des idées, des lumières et des exemples qui fortifient ou augmentent la masse des vérités acquises.

« Des suffrages publics la gloire se compose, »

a dit un poëte. Comment ambitionner ces suffrages universels sans vouloir rendre meilleur ou plus heureux le monde qui les donne?

Honorons donc les hommes que l'amour de la vraie gloire a rendus grands. L'enceinte que je leur ai dédiée dans mon jardin est comme un humble oratoire où l'homme pieux se recueille avec l'objet de sa piété. Elle me convient mieux qu'une serre, qu'un de ces séminaires de botanique peuplés d'élèves enlevés à la végétation étrangère, et dont l'éducation demande des frais et des soins que je laisse à MM. Boursault et de Soulanges.

Non loin du Panthéon des grands hommes, qui offre en mignardise une sorte de luxe, se montre, par contraste, une cellule modeste, ouverte à la rêverie. On peut aller s'y délasser des pensées trop fortes qu'a inspirées le souvenir de ceux qui n'en ont guères connu d'autres. Cette cellule, couverte en chaume, n'est pas austère; elle loge la Vénus accroupie. C'est, si l'on veut, une invitation à donner à ses rêveries une nuance anacréontique qui vaut bien celle des nuits d'Young. Diverses petites maximes morales encadrées dans des quatrains, offrent d'autres matières de méditation.

Je citerai quatre ou cinq de ces maximes :

>   Femme douce, amis délicats,
>   Petite bourse, jamais vide,
>   Enfans bien nés, santé solide,
> C'est le bonheur, ou bien il n'en est pas.

De la mesure en tout! sans mesure on s'égare.
Que faire de trésors sans mesure entassés?
Modérons nos désirs, hélas! il est bien rare
Que qui demande peu n'ait pas toujours assez.

Quand Bridoison disait, sans entendre finesse,
Que d'un enfant toujours un père était l'auteur,

Il parlait mieux que vous, sectaires de Lucrèce,
Qui, voyant l'univers, niez son créateur.

« Saisissez le présent, » a dit en ses ébats
    Le plus aimable des poètes,
Ne voir que l'avenir, c'est vivre où l'on n'est pas;
    Il vaut bien mieux vivre où vous êtes.

L'aisance est préférable aux trésors superflus,
Les désirs avec eux n'ont pas le temps de naître.
Je fais cas des désirs, quand on en est le maître,
    Et malheureux qui n'en a plus !

A quelque distance de la chaumière vous rencontrez un atelier. Le rabot, la lime, le marteau, la scie, vous invitent à exercer vos mains, si votre esprit veut rester oisif.

Mon enthousiasme pour les arts et les sciences ne me rend pas indifférent sur l'industrie. C'est par l'industrie que la civilisation a commencé. Elle est la première bienfaitrice des hommes. On a construit des cabanes avant d'avoir des palais, et les pirogues ont précédé les vaisseaux.

Si j'avais assez de temps et d'étoffe pour être prolixe, je trouverais matière à un in-folio sur les prodiges de l'industrie depuis Adam jusqu'à nos jours; encore ne serait-ce qu'un abrégé. Je renvoie à l'Encyclopédie.

Je me contente d'être vêtu, nourri, logé, éclairé, chauffé, voituré par terre et par eau, de lire, d'écrire, de revoir sur la toile ou sur la pierre les morts qui méritent de revivre, de me faire entendre avec plus de précision que par cris et par signes : je me contente enfin de jouir de ma part de royauté humaine sur les animaux et sur les productions de la nature, sans examiner comment ces titres de puissance se sont réalisés, ni rechercher laborieusement les raisons que l'on a d'en faire honneur à l'industrie.

Aussi bien, j'arrive à un lieu qui rappelle un terme où toute industrie se brise. C'est une enceinte mystérieuse d'environ 4 pieds de large sur 15 ou 18 de long. Les deux extrémités sont fermées par deux niches en treillage. Sous l'une est la figure en marbre de l'hiver, symbole du dépérissement ; sous l'autre est un banc demi-circulaire qu'on peut appeler le siége de la mélancolie.

De là vous voyez au milieu de l'enceinte un socle qui supporte une colonne surmontée d'une urne cinéraire. Ce monument indique à qui l'enceinte est consacrée. Il ne couvre pourtant aucune dépouille mortelle.

C'est un *memento* élevé à ceux qui ont vu mon jardin et qui ne le verront plus. Il y a un côté pour les amis, un autre pour les parens. C'est là que je vais m'entretenir mentalement avec eux.

Sur une face du monument on lit ces vers :

Un ange, nous dit-on, quand tout sera détruit,
Réveillera les morts au son de la trompette ;
Pour rappeler ici ceux que mon cœur regrette,
    Mon amitié fait moins de bruit.

Un fronton posé sur deux pilastres s'élève derrière la colonne.

Dans le socle du premier pilastre du côté des amis, on lit ce qui suit :

    Reparaissez, amis que j'ai perdus !
J'ai, pour vous recevoir, ouvert cet Élysée.
Vous entendez ma voix ! votre tombe est brisée !
J'aime à rêver ici que vous m'êtes rendus.

L'autre pilastre du côté des parens porte cette inscription :

Chers parens, que j'ai vus souvent dans ma chaumière,
Qui veniez aux beaux jours visiter ce jardin,
Mon cœur vous y replace en dépit du destin ;
    Et malgré lui ma famille est entière.

Les noms de ceux que mon imagination fait revivre et rassemble dans ce petit espace silencieux, caché derrière des touffes de lilas, sont inscrits sur des médaillons suspendus au mur. Hélas ! qu'ils sont nombreux depuis seize ans !

Outre ces médaillons qui en disent assez à qui a connu les individus, j'ai fait sur chacun d'eux, pour les personnes qui ne les connaissent pas, une notice nécrologique dont le recueil relié avec soin remplit une petite arche sainte pratiquée dans le dossier du banc de la Mélancolie.

Ainsi je les ai remis au monde et réorganisés, autant que j'ai pu le faire.

Ce ne sont pas des noms illustres. Ils sont aussi

obscurs que la main qui les recueille. Deux seuls sont marquans : ce sont ceux de M. Visconti et de M. Corvetto. Le premier est connu de l'Europe savante. L'autre a moins visé à la célébrité qu'à la considération. M. Corvetto, né à Gênes, avec plus de talent que de fortune, fut d'abord avocat. Son mérite le porta dans les derniers momens de sa république aux premières charges. Il mérita en la défendant l'estime de celui qui l'avait conquise, et fût placé par Napoléon dans le Conseil d'État de France, d'où le Roi l'a tiré, pour lui confier le ministère des Finances qu'il a régi depuis le mois d'octobre 1815 jusqu'au mois de novembre 1818.

Sans avoir les connaissances spécialement propres à ce ministère, M. Corvetto s'y distingua par des opérations difficiles et par son habileté à manier à la tribune des chambres peu maniables.

On doit à son administration le succès des emprunts qui ont soldé notre rançon, et accéléré de deux ans l'évacuation totale de notre territoire. C'est de son ministère que date la récolte des premiers fruits du crédit. Il a su faire prendre racine, au milieu des calamités de la guerre et de la disette, à cette semence précieuse que son prédécesseur avait plantée, et qui n'avait pas eu le temps de fructifier.

Je n'ai pas connu d'homme plus défiant de lui-même, et qui eût moins de motifs pour l'être. Il avait toute la finesse, toute la sagacité des Génois, sans avoir la duplicité qu'on leur reproche.

Son savoir en droit public, civil, commercial, était aussi étendu que bien élaboré. Il avait de la religion sans ostentation comme sans intolérance, et possédait un tact aussi fin pour juger la littérature et les arts que pour saisir et démêler le nœud d'une affaire.

Je lui ai entendu dire qu'il n'avait jamais perdu d'amis que par la mort. En effet, il n'était pas possible de se brouiller avec lui.

M. Corvetto est sorti du ministère aussi pauvre qu'il y était entré. Sa santé dévastée ne lui a pas permis de survivre plus de deux ans et quelques mois à sa retraite. La Charte a perdu en lui un partisan éclairé, et le roi un serviteur vertueux.

Je suis bien aise d'avoir trouvé cette occasion de parler de M. Corvetto comme j'en pense.

Le lecteur qui a la patience de m'accompagner dans mon voyage me pardonnera si je l'ai arrêté si long-temps dans un lieu qui n'est pas récréatif. J'en sors pour le conduire dans un autre qui ne l'est guère plus. C'est le bosquet d'André Chénier. Il porte ce nom, parce que c'est dans la maison dont mon jardin est devenu une dépendance, que ce jeune et intéressant poëte a été arrêté pour être conduit en prison et à l'échafaud, deux jours avant la chute de Robespierre. J'ai suspendu au-dessus d'une urne le quatrain qu'on va lire.

Le jeune André Chénier, préludant à sa gloire,
Par les BUVEURS DE SANG ici fut arrêté.

J'ai dû d'un souvenir honorer sa mémoire,
Dans le dernier asile où sa muse a chanté.

Pour faire diversion à ce triste souvenir, j'ai distribué sous le même bosquet quelques figures du nombre desquelles est un second buste de la Vénus de Médicis. On ne doit pas se plaindre de rencontrer deux fois une pareille tête.

D'ailleurs, comme ouvrage grec et comme déesse des amours, elle n'est pas déplacée à côté d'André Chénier dont la lyre a soupiré assez tendrement des vers à sa louange dans un style qui se rapproche un peu trop de la teinte hellénique, ce qui lui donne en français un air d'étrangeté que l'auteur aurait adouci peut-être, si les bourreaux lui avaient laissé le temps de revoir ses essais.

Vous venez de traverser deux cantons tristes; en voici un joyeux. Quel est cet édifice surbaissé au-dessus duquel se dessine un élégant pavillon monté sur deux colonnes doriques et couvrant la statue de Minerve?

Cette fabrique est fort originale et par la place où elle est, et par sa double destination.

C'est un *ærarium*, un *trésor*, non de Plutus, mais d'un dieu dont bien des gens font plus de cas, et notamment Anacréon et Horace.

Ce Dieu a ses plus abondantes richesses dans le Midi, et ses plus fervens adorateurs dans le Nord, parce qu'on est plus affamé de ce que l'on n'a pas que de ce que l'on a.

Proscrit chez les Turcs, il devrait les punir de ce sacrilége en changeant toutes leurs femmes comme les filles de Minée en chauves-souris. Elles auraient des ailes au moins pour s'évader des harem où elles sont prisonnières, et elles pardonneraient peut-être à la métamorphose en faveur de cette délivrance.

Mais il faudrait, si elles touchaient un pays où le Dieu est révéré, qu'elles reprissent leur forme de femmes, pour s'en réjouir avec des desservans plus gais que les grossiers sectaires du jongleur de la Mecque.

Voilà un bien long préambule pour vous dire que mon édifice surbaissé est un caveau patricien, où je serre les bouteilles de qualité que je ne veux pas mêler à la plèbe qui garnit ma cave roturière.

Minerve, debout sur la voûte de ce caveau, est un emblème de la vieille alliance de la raison avec la folie. C'est ce que veut dire cette inscription où la déesse parle :

Sur le jus inventé pour noyer les ennuis,
J'ai laissé sans scrupule élever ma statue ;
Je permets donc qu'ici le buveur s'évertue,
 Toute Minerve que je suis.

Vous aimeriez peut-être mieux rester où vous êtes que poursuivre votre promenade. Passe encore si mon caveau ressemblait à celui de Piron, Pannard et Collé, ou au caveau plus moderne d'où sortirent sous le galoubet de Désaugiers, d'Armand-Gouffé, de Radet et de leurs camarades, autant de bons couplets qu'ils ont fait sauter de bouchons !

Le temps presse, quittons ce coin qui renferme de dangereux élémens d'intempérance. Je vous conduis dans l'échoppe de la sobriété.

Échoppe ! direz-vous ; une échoppe dans un jardin qui tranche du musée ! oui, Messieurs, une échoppe. N'en voyez-vous pas à côté de plus d'un palais ? Mon échoppe est celle d'un écrivain *qui se tue à rimer*, comme dit Boileau, et qui ne veut pas faire autre chose.

C'est une petite fiction que j'ai imaginée pour avertir mes fils à qui le chien de la métromanie a fait quelques morsures, du danger

« De prendre pour génie une ardeur de rimer. »

Cette méprise, commune à bien des jeunes gens, les détourne d'un état utile.

« Soyez plutôt maçon si c'est votre métier. »

Je suppose que le poète, grâce à son engouement, n'a pas le moyen de se loger mieux que dans une échoppe.

Je lui fais dire sur son domicile la sottise suivante :

De l'échoppe, Messieurs, ne dites point de mal ;
Là de maint écrivain l'esprit se développe.

Alexandre-le-Grand monté sur Bucéphal
Enviait Diogène assis dans son échoppe.

Cette apologie est combattue ainsi :

Chantres, pour qui Pégase est docile et galope,
Que ne vous conduit-il en de riches guérets !
Bien fou qui d'Hélicon bat à jeun les sommets,
Pour venir de si haut dîner dans une échoppe !

Le Bucéphal ailé qui caracole au Pinde
Enfle le cavalier qui sur son dos se guinde.
J'aime mieux, sauf respect, le modeste roussin ;
L'un mène à l'hôpital, l'autre mène au moulin.

L'habitant prétendu de l'échoppe a sur sa muraille les noms des poètes qui ont quitté ou négligé leur métier pour se faire ajusteurs de rimes.

On y voit figurer *Adam de Nevers*, tourneur, qui s'est fait chansonnier ; *André*, perruquier, qui a rimé un drame plus entortillé que les cheveux qu'il crêpait ; *François*, cordonnier, qui a cousu des scènes tragiques comme une empeigne ; *Moré*, qui, de rémouleur, s'est fait poëte épique.

Voici les quatrains dont ces noms sont accompagnés.

Sur Adam :

Roi des poètes ouvriers,
Tes couplets sont encor chantés par les bons drilles.
Prête un peu ton rabot aux jeunes chansonniers,
Et joins-y ton talent pour faire des chevilles.

Sur André :

> Il avait du feu sous la nuque,
> Ce perruquier, auteur d'un pathétique écrit.
> Pour couronner la tête où logeait tant d'esprit,
> Il devait de lauriers se faire une perruque.

Sur François :

> Disciple de Crépin ! tu sais donc manier
> La lyre de Sophocle aussi bien qu'un soulier !
> Courage ! ainsi par toi le tranchet et l'alène
> Débusquent le poignard des mains de Melpomène.

Sur Moré :

> Lorsque de rémouleur tu te fais bel esprit,
> L'intérêt, cher Moré, n'est pas ce qui t'inspire ;
> Soit qu'on tourne la meule, ou qu'on pince la lyre,
> On est toujours GAGNE-PETIT.

C'est assez demeurer dans la loge d'un *pauvre diable*, sortons. Une autre nous appelle. C'est la maison qu'eût désiré Socrate. On lit dans l'intérieur au frontispice d'une niche :

ÆDICULA AMICITIÆ.

Elle s'ouvre par trois portiques de bois brut revêtu de son écorce. Le chaume la couvre, et le jonc la tapisse. C'est un temple du premier âge, de cet âge où l'intérêt et les passions n'avaient pas encore corrompu les mœurs, et où l'amitié était dans sa pureté primitive.

Un banc circulaire et une table rustique forment le mobilier de cet aimable asile; au-dessus du banc, figurent en lettres délicatement formées d'écorce de noisetier les noms des héros que l'amitié a inscrits dans ses fastes.

C'est Alcide et Philoctète, Pyrithoüs et Thésée, Castor et Pollux, Alexandre et Éphestion, Henri IV et Sully.

Si j'ai été prodigue d'inscriptions dans les différens endroits de mon jardin, devais-je en être économe pour le temple de l'amitié? elle a donc aussi les siennes; et le plaisir que j'ai eu à les faire m'encourage à les dire. Ces inscriptions forment, avec les noms dont j'ai parlé, les tableaux du temple. Lisez :

Délices de la vie! Amitié que j'adore!
Ta flamme est pour les cœurs qu'elle rend généreux,
   Ce qu'est pour un fruit savoureux
La sève qui le gonfle et l'astre qui le dore.

L'amitié pour Phanor fait combattre Lausus,
Au destin d'Euryale elle attache Nisus;
Elle intéresse Horace aux jardins de Virgile,
Et pour venger Patrocle arme la main d'Achille.

   Oreste, en proie à toutes les tortures,
Dans le sein d'un ami se sent moins déchiré,
   Et des serpens dont il est dévoré
L'amitié de Pylade adoucit les morsures.

Lorsque des maux sur nous fondit la foule immense,
Dieu, pour nous consoler, a créé l'espérance;
Elle n'eût pas suffi, s'il avait oublié
    De créer aussi l'amitié.

Amitié! de ce lieu sois l'hôtesse fidèle,
L'Amour, fruit des beaux ans, est comme eux fugitif;
Ton empire est plus long, si le sien est plus vif;
Tu nais avec la vie et finis avec elle.

O jardins de Le Nôtre! ô palais de Mansard!
Moins qu'un petit réduit votre grandeur me flatte;
Un espace étendu ne manque nulle part;
Mais trouve-t-on partout la maison de Socrate?

Je n'ai pu me procurer d'autre figure symbolique de l'amitié qu'une femme lisant une lettre et caressant un chien : c'est un ouvrage moderne.

Il est étonnant que les anciens qui ont déterminé les attributs de l'amour et du plaisir aient oublié dans la mythologie une déesse qui avait tant de droit d'y tenir un rang. Apparemment qu'ils la jugeaient trop pure pour la personnifier et trouver dans le marbre, l'airain, l'ivoire, l'or même, et dans les ressources de l'art, un objet digne de répondre à l'idée qu'on s'en faisait.

Je quitte à regret ce sanctuaire ami où nous nous réunissions autrefois après le dîner pour prendre le café, liqueur aimable qui anime le cerveau sans le troubler et qui a plus que tout autre aliment je ne sais quelle conformité avec la douce chaleur de l'amitié. Madame de Sévigné en a pourtant dit du mal. Quelle est la bonne chose qui n'ait pas eu des détracteurs à sa naissance?

Hors du parvis, en regardant à gauche, vous voyez une longue plaine de verdure, de plus de cent pas, tranchée par des massifs de fleurs et des arbres épars. Le soleil dépose sur ce tapis sa chaleur et sa lumière. Vous avez pour terme de perspective, et vous distinguez, sans que le lointain les diminue, les édifices et les fabriques que nous avons déjà visités, la chaumière de la rêverie, le Panthéon des grands hommes, le Parnasse lilliputien, le bain analogue de Diane, la case voisine où mon fils s'entretient avec sa muse comme Numa avec Égérie; enfin ce bâtiment qui recèle une salle d'armes très-pacifique, la loge d'où l'on plane sur le bois de Boulogne, le portique de mon char et la retraite des coursiers qui le tirent.

Après cette récapitulation pittoresque, reprenez votre exploration qui touche à sa fin. Je ne vous ferai point parcourir, pour l'alonger, de petits sentiers qui, bien que tortueux, ne ressemblent pas à ceux de Crète. Ce n'est pas ici que le fil d'Ariane est nécessaire. Mon jardin n'est pas entortillé comme :

« Une pénible intrigue
« Qui d'un amusement vous fait une fatigue. »

Je n'en répondrais pas pourtant, à la manière dont je vous y promène.

Voici une éminence à gravir le long d'une limite où la vigne et le pêcher vous offrent leurs fruits, quand ils en portent. Sur la pente et au sommet, un rocher surmonté d'un pavillon de briques imitées en plâtre, frappe vos regards ; ce pavillon est une galerie de dessins et de médailles. *Taunay, Demarne, Rouget, Bourgeois, Lemire, Le Roi, Nicolle*, etc., etc. ont contribué à l'enrichir. Je ne l'ouvre pas au public, parce qu'il ne contiendrait pas plus de deux curieux à la fois.

Le rocher qui le supporte ne fléchira point sous cet édifice. Il n'est pas de ceux dont Delille a dit :

« Leur masse indestructible a fatigué le temps. »

Il n'a encore fatigué personne. Il n'est point, comme les Alpes et les Pyrénées, échappé du fond de la mer ; il ne ressemble pas à ces entichés de noblesse qui prétendent faire remonter leur généalogie et leur fortune à Charlemagne. Mon rocher est plus franc, et annonce son origine et sa richesse par cette inscription clouée sur un de ses pans.

> Vantez-vous, vieux rochers, d'être fils du chaos ;
> Moi, je suis né d'hier, enfant de l'industrie.
> De canaux souterrains vous recevez vos eaux ;
> La mienne vient des toits, quand il fait de la pluie.

En effet il tient la place d'un ancien tonneau où aboutissait l'eau de mes gouttières. J'ai voulu ennoblir par un couronnement de meulières le réservoir de ces eaux utiles à nos besoins domestiques.

L'une des cavités du rocher est destinée à recueillir des débris d'armure qui ont quelque différence avec les flèches d'Hercule, cachées dans la grotte de Philoctète.

Ces débris sont désignés par ce quatrain :

Ces débris d'éperons, de lances, d'étriers,
Furent laissés ici par des soldats tartares
Qui, fondant sur la France en deuil de ses guerriers,
Vinrent de leur aspect épouvanter mes lares.

Il m'a semblé utile de conserver ces grossières reliques comme un témoignage historique de l'invasion des bandes du Nord. Ma maison a été remplie de Cosaques qui l'ont rendue sale et dégoûtante comme eux. C'était, à leur départ, les écuries d'Augias.

Il y a sur le compte de ces hôtes, à côté de ce qui m'est resté de leur succession, ces quatre vers :

Qui diable aurait pensé que ce jardinet-ci
Dans son étroite enceinte eût vu les Moscovites?
Il fallait bien avoir la rage des visites,
Pour venir de si loin me gruger à Passy.

Il est vrai que l'invasion n'a été de leur part qu'une représaille. Qu'allions-nous faire à Moscou? J'ai dit à ce sujet :

Le Russe fut battant après qu'il fut battu ;
Pour un prêté, dit-on, c'est un rendu ;

Tel va le sort. Leçon terrible et grande!
Ah! ne prêtons plus rien, de peur qu'on ne nous rende.

Cette réflexion m'a conduit à lancer d'inutiles épigrammes contre la manie de guerroyer. Nous savons ce qu'elle nous a valu : la perte de quatre milliards d'argent et de deux millions d'hommes, sans compter celle de toutes nos conquêtes, de l'Ile de France, de Saint-Domingue et de nos anciennes places de Sarre-Louis et de Landau. C'était bien la peine de tout bouleverser pendant vingt-cinq ans pour en venir là! Mes épigrammes entourent le burlesque trophée que j'ai gardé. J'en citerai trois ou quatre :

Vous admirez César, vous vantez Alexandre,
Pour avoir dans le sang noyé le genre humain;
Traduits devant Pluton, ce dieu les a fait pendre
    Comme voleurs de grand chemin.

La patrie est un temple interdit à l'impie.
L'impie est l'étranger qui viendrait l'assaillir.
Guerriers, sous votre fer que ce crime s'expie!
Ce sont là les lauriers qu'il est beau de cueillir.

J'aime à voir quelques traits des mœurs de l'âge d'or
Tempérer du guerrier la rudesse assassine.
Achille me révolte acharné sur Hector,
Le héros me plaît mieux, quand il fait la cuisine.

Non, malgré leur aigrette et leur sabre tranchant,
Tes favoris, ô Mars, n'auront point mon hommage;

J'aime mieux le rustaut qui laboure mon champ,
Que le héros qui le ravage.

Ai-je rappelé assez de quatrains? et n'avais-je pas raison de vous prévenir que mon jardin en fourmillait? ce n'est pas tout, il faudra encore en digérer quelques-uns. Mais oserai-je vous les montrer? de quelles précautions oratoires n'ai-je pas besoin pour vous y préparer? figurez-vous la franchise peu mesurée du carnaval, et la trivialité dont la meilleure compagnie masque, en ce temps, son ton ordinaire de décence.

Mon rocher cache une dernière retraite qui n'est pas tout-à-fait celle de Calypso, quoique pourtant elle ne l'eût pas dédaignée, à moins que sa qualité d'immortelle ne la dispensât d'en avoir besoin.

Malgré mon projet de ne pas l'omettre dans notre tournée, je n'aurais peut-être pas eu la hardiesse de vous la faire connaître, si quelque étourdi ne l'avait laissée ouverte; mais puisqu'elle se découvre, libre à vous de voir ce qu'elle est!

Une inscription au-dessus de la stale qui en occupe le fond, frappe vos yeux. Je vous entends lire :

On règne sur ce trône en monarque absolu;
Quoiqu'on aime assez à le prendre,
Nul prince encor ne s'est battu
Pour l'occuper ou le défendre.

Voulez-vous faire un essai de royauté? ce trône

est à vous sans coup férir ; mais vous n'y serez pas à l'abri des quatrains, qui se fourrent ici partout comme les mouches. Témoin celui-ci, collé sur la porte qui se referme devant le monarque en posture de régner :

De quatrains poursuivi, prince, ne croyez pas
Que, sur le trône assis, votre aspect les arrête.
Encore un ! s'il vous plaît ; dût un son malhonnête
    Pour le siffler partir d'en bas !

L'auteur de tout cet amas de quatrains n'a pas voulu laisser dire à d'autres ce que cette intempérance de verve leur aurait suggéré ; il a cru se rendre leur interprète en faisant inscrire au-dessus de la porte extérieure de la salle du trône :

Ce lieu commode aux grands ainsi qu'à la canaille,
Eût été de mes vers l'asile hospitalier,
  Si les quatrains, écrits sur la muraille,
    L'avaient été sur du papier.

Celui-ci doit faire absoudre des autres ; et c'est pour cela que je le rapporte.

Vous avez assez de votre règne, et comme Abdolomine vous quittez le trône pour le jardin. Eh bien ! achevons notre tournée.

Vous avez entendu parler des jardins d'Alcinoüs, décrits par Homère dans l'Odissée. Vous vous rappelez la belle Nausica, fille de ce roi, vous savez ce qu'elle faisait au bord d'une rivière. La princesse ne dédaignait pas d'y blanchir les robes de sa majesté. Ulysse en fut édifié. Eh bien! apprêtez-vous à être édifié comme lui. Si la fille d'un roi était blanchisseuse pour son père, la femme de chambre de ma femme peut bien l'être aussi pour sa maîtresse et au besoin pour moi qui suis roi dans mon jardin comme Alcinoüs dans le sien, avec cette différence qu'Alcinoüs avait quatre arpens enclos de murs d'airain, avec des portes d'or, et que moi je n'ai pas plus de trente-sept perches dont la cloture n'est ni d'or ni d'airain, mais de moëllons liés avec de la terre et du plâtre.

Voici l'endroit où la femme de chambre fait les fonctions de la princesse Nausica, quand elle ne remplit pas celle des filles d'Auguste qui, comme on sait, filaient le tissu des tuniques de leur père. Ce n'est pas un fleuve qui court chez moi. L'eau y dort dans une cuve de bois adossée à la pompe. elle n'est pas, comme le fleuve où lavait Nausica, ombragée par un bois de peupliers, mais l'acacia, le lilas, le frêne s'unissent pour la défendre du soleil. Les princesses pourraient laver chez moi sans s'exposer au hâle; et je ne rougirais point d'y recevoir une Nausica.

Maintenant que vous voyez l'artifice qui dissimule mon puits, vous pouvez y lire deux inscriptions que je n'ai pas encore rapportées: l'une fait allusion à l'ami dont cette machine est l'ouvrage; le portrait de ma femme réclamait l'autre.

Voici la première:

> O temps ! tout cède à tes outrages;
> Mais si par l'amitié tu peux être adouci,
> Et si ta faux hésite à frapper ses ouvrages,
> Tu dois respecter celui-ci.

Voici la seconde :

> Souriez, mes enfans, en voyant ce visage
> Où l'art, de votre mère, a reproduit les traits,
> Ah ! puissent nos yeux satisfaits
> Voir toujours le modèle auprès de son image !

Hélas! depuis le 26 septembre 1819 ce vœu est trompé de plus de moitié. Ce n'est plus la vie qui anime ma femme, c'est un reste de mouvement machinal.

Je l'entends, allons finir notre promenade auprès d'elle. Nous repassons, sous le vestibule du midi, un quatrain en faction est chargé de dire pour moi aux curieux ce qu'ils rencontreront dans mon jardin.

> Que m'importent l'airain et le marbre et l'albâtre !
> J'ai pour cascade un puits, pour bassin un cuvier,
> Des colonnes de bois, des antiques de plâtre,
> Et des quatrains en espalier.

Ma fabrique de quatrains demandait le portrait du plus fameux fondateur de ce genre d'industrie. Pibrac a donc le sien chez moi. Je lui devais une inscription. J'ai tremblé de la faire en quatre vers devant ce redoutable maître. Un seul m'a suffi, et j'ai eu recours au laconisme du latin, le voici. Il s'adresse aux poètes qui courent la carrière quartinique.

Quadrupedans vates! nuda caput: ecce magistrum.

On dit que dans le *Forum* les édifices étaient comme entassés, sans qu'aucune distance eût été combinée pour leur donner le relief du *point de vue*.

La *Villa Adriana* espèce de musée d'architecture réunissait de même dans un étroit espace le simulacre des palais, des temples, des cirques, des statues, dont Adrien avait été frappé dans ses voyages.

Mon jardin parodie un peu et le *Forum* et la *Villa Adriana*. Cependant les distances d'une fabrique à l'autre sont mieux ménagées.

Le grandiose dominait à Rome, le lilliputisme s'accommoderait chez moi des proportions de mes édifices. Je n'étonne pas mon monde par le gigantesque, je le distrais par la variété.

Il m'en manque une dont j'aurais fait grand cas, quoique le ciseau, l'équerre, le pinceau n'y fussent pour rien. C'est celle qu'on doit à la bêche, je n'ai pas de potager.

Le domaine exigu qui forme ma richesse,
M'interdit ces carrés, revêtus de terreau,
Où pousse la laitue alignée au cordeau,
Où rampe le concombre, où l'artichaut se dresse,

Où la ciboule croît, rivale du poireau.
Par de stériles plants la sève accaparée,
Ne peut sucrer chez moi la chair du cantalou,
S'exhaler en romaine, en rave, en chicorée,
S'effiler en asperge et s'arrondir en chou.
Elle aime mieux enfler le germe du platane,
Que gonfler le pépin qui produit la crasane.
Le poirier sur mon sol a toujours dépéri;
Son frère le pommier n'y vient que rabougri;
Et si Dieu, dans ce coin, eût mis le premier homme,
    Ève n'eût point trouvé de pomme
    A présenter à son mari.

Je me passe de ce que je ne puis avoir, me contentant de ma fortune comme de ma taille qui toutes deux sont petites, ainsi qu'il a plu au ciel de les faire.

La privation qui m'afflige réellement, c'est la santé de ma femme. Nous avançons près du petit salon, autrefois riant, aujourd'hui bien triste, où roule le fauteuil qui la porte. La gaîté nous quitte à l'entrée de cette pièce comme l'espérance à l'entrée de l'enfer du Dante. Allez, chers voyageurs, chercher dans les bois d'autres tableaux, je reste ici.

SECONDE PARTIE.

VOYAGE
EN LORRAINE.

VOYAGE EN LORRAINE.

A MA FILLE.

(Paris, 19 juillet 1823.)

Le sort en est jeté ; ce soir, ma chère enfant,
    Quand le soleil vers le couchant
    Aura couru ses quatre stades,
Évitant de ce dieu les brûlantes œillades,
Je lui tourne le dos, et je file au levant.
    Je n'attends point, pour me mettre en voyage,
    Comme en Aulide a fait Agamemnon,
    Qu'il plaise au vent d'agiter l'horizon
        Pour me pousser hors du rivage,
    Je partirai, qu'Éole souffle ou non.
Ce n'est point dans un port que flotte l'édifice
Qui conduira ton père aux lieux qu'il va chercher.
Les Autans me font peur : je ne veux point marcher
        A la merci de leur caprice.
Au lieu d'un gros vaisseau par les flots soulevé,
J'ai pris un belvéder roulant sur le pavé,
    Bordé de cuir, percé de vitreries,
Appendice léger d'un pavillon pesant ;
        Et cet équipage m'attend.....
        Dans la cour des Messageries.

Cela veut dire que je m'embarque tantôt à quatre

heures dans le cabriolet de la diligence. Ma première station doit être Metz, la seconde Nancy, la troisième, je n'en sais rien ; la dernière, tu le sais.

Emprisonné toute ma vie, soit dans les classes du collége, soit dans une étude de notaire, soit dans les bureaux, je n'ai franchi qu'une fois la banlieue de Paris pour aller faire en Bretagne mon apprentissage d'ouvrier de finance.

Quelles surprises m'attendent dans le long espace que je vais parcourir ! Aurai-je assez d'yeux pour tout voir, assez de mémoire pour tout retenir ? Je ne suis point de ces badauds pour qui Paris est l'univers, et qui s'imaginent que, passé ses barrières, rien n'est digne d'attention. Je suis persuadé qu'il n'y a point de village, point de hameau où le Parisien le plus instruit ne trouve quelque chose à apprendre, où le plus blasé ne rencontre une jouissance neuve, une invention, un produit, une originalité, un usage local qui le pique ou l'étonne.

Sais-tu, ma fille, le sacrifice que je fais à l'impatience de commencer mon premier voyage de long cours ? Pour tirer les choses de loin, comme Petit-Jean dans *les Plaideurs*, et sans remonter toutefois à la naissance du monde, ni même au déluge, je te dirai que mon sacrifice ressemble un peu à celui d'Abraham, avec cette différence, qu'Abraham obéissait à Dieu et que je n'obéis qu'à ma fantaisie. Il allait brûler son fils Isaac sans la main qui l'arrêta ; J'aurais bien fait peut-être de traiter ainsi le mien.

Nul ange ne serait venu pour m'empêcher de mettre le feu au bûcher. Mais si je ne le livre pas aux flammes, je l'abandonne aux froideurs et aux dédains. Il aura une mort plus lente.

Devines-tu cette énigme? sais-tu quel est ce fils? Je l'ai conçu à moi seul comme Jupiter a conçu Minerve; mais celle-ci avait bec et ongles. Mon fruit, s'il faut te le dire, n'est qu'un composé d'encre et de papier; en un mot, c'est un livre qui, ne parlant à aucune passion régnante, est laissé là comme un idiot dont la langue n'est pas dénouée. Les aruspices quotidiens des écrits nouveau-nés n'ont pas encore tiré son horoscope.

Il ira probablement dans les limbes comme les enfans morts sans baptême; et moi, au lieu de chercher à le sauver de cette destinée, je le délaisse dans son berceau comme on délaissa le petit Moïse, sans espérer qu'il se trouvera des princesses Pharaon pour le recueillir!

M'as-tu bien entendu avec mes citations, à propos d'un livre, d'Abraham, d'Isaac, de Jupiter, de Minerve, de Moïse, et des filles de Pharaon, sans compter les aruspices, le baptême et les limbes? Tant pis si cet amalgame te paraît un logogriphe! tu ne connais pas les finesses des poétiques nouvelles. Un terrain plane, uni, bien éclairé, ennuie; semez-le d'accidens, d'inégalités, de contrastes qui se heurtent; couvrez-le de brouillards, vous ne saurez où vous êtes ni où vous allez. Cette incertitude s'appelle du plaisir, et l'art de la donner du talent.

J'arrive à un langage plus clair. Ta tante qui était décidée à m'accompagner en malle-poste a reculé devant le moment de partir. Elle ne s'est pas souciée de voyager du même train que les dépêches. Elle a craint la dureté de la voiture, les nuits blanches, la longueur de la route et la migraine. Elle est du nombre des personnes pour qui le fracas de Paris est un concert perpétuel. Comment, avec ce goût, s'accommoder de la spalmodie de la province? le moyen de passer subitement de l'agitation à l'immobilité!

C'est s'ensevelir tout vif, c'est presque préluder comme Charles-Quint à son propre enterrement; et à moins d'avoir la folie de ce prince, on ne se soucie pas de faire cet essai.

Moi qui ne crois pas m'enterrer en allant en province, qui crois que la vie et le plaisir sont partout, et que Paris est une serre chaude où ces plantes croissent et se fanent plus vite qu'ailleurs, je m'accommoderai fort bien d'une température moins hâtive.

Mes dettes d'adieux sont payées. Les amis, les parens sont vus, tous les vœux, toutes les santés ont été portées, tous les devoirs remplis, j'ai la conscience nette, personne ne s'est embarqué en meilleur état de grâce, je puis donc me confier à la Providence.

Mon gros frère, ancien soldat, aussi habile à bourrer une malle que sa pipe et son fusil, s'évertue, non sans souffler, à emballer ma garde-robe de route, pendant que je fais courir ma plume sur ce papier.

Mon départ, événement si nouveau chez un casanier comme moi, met tout en remue méage dans ma maison. Ce n'est pourtant point un Hector qui va combattre un Achille, je n'ai plus, hélas! d'Andromaque à rassurer; ce n'est pas non plus un croisé faisant son paquet pour la Palestine, mon confesseur n'a pas mis cette condition au pardon de mes péchés; ce n'est pas davantage un navigateur allant chercher un passage au pôle Arctique; je ne me soucie pas d'être pétrifié par la gelée; c'est tout simplement un bon homme de père qui se sépare d'une partie de sa famille pour aller par le coche se réunir à l'autre.

J'ai pourtant quelque regret de quitter la petite loge où je viens de me tapir et qui me console de n'être plus sur le théâtre que j'ai arpenté trente ans.

> Adieu, gentil réduit
> Du faubourg Poissonnière,
> Où, douce et casanière,
> Ma vie, à petit bruit,
> Coule comme l'eau claire
> Qui se dérobe et fuit
> Dans un étroit circuit
> De mousse et de bruyère!
> Adieu, cher cabinet,
> Humble laboratoire,
> Où, de certain creuset
> Qu'on appelle écritoire,
> Sortent prose et couplet;

> Adieu, modeste salle
> Où la sobriété
> Entretient la santé,
> Et de peu se régale ;
> Adieu, simples lambris
> Qu'une main délicate
> Semble avoir circonscrits
> Pour le nombre d'amis
> Que demandait Socrate !
> Adieu, tranquille nid
> Qui le soir me rappelle,
> Où mon corps se blottit
> Sans petits ni femelle ;
> Où le dieu du repos,
> Dans sa bonté nocturne,
> Épanche de son urne
> Le jus de ses pavots !

Le sentiment qui me conduit en Alsace, ma chère amie, est celui qui conduisit plusieurs fois Madame de Sévigné en Provence pour voir sa fille, et qui lui inspira cette correspondance inimitable dont je fais mes délices. Le cœur est la meilleure source de l'esprit ; c'est là que madame de Sévigné puisait le sien. J'emporte un volume de ses lettres, il me charmera pendant la route, en me parlant un langage conforme à ma tendresse. Je ne puis mieux préluder au plaisir de t'embrasser.

Je me sens, malgré mon bagage de lustres, aussi dispos qu'à vingt ans. Je ressemble à ce coureur qui disait que, pour le dresser à son métier, on lui avait fait dans son enfance arpenter avec des semelles de plomb, des champs labourés; débarrassé de cette lourde chaussure, il se crut changé en morceau de liége, tant il pesait peu! Je puis bien comparer à du plomb mon ancien assujétissement, et ma liberté nouvelle à du liége. Je défierais, pour ainsi dire, Camille qui courbait à peine la tête des épis en courant dessus. Tu crois que c'est un père, un grand père qui abordera chez toi, ce sera un vélocifère; mais le vélocifère, une fois remisé chez sa fille, aura peine à reprendre, au départ, la même allure qu'à l'arrivée. Le miracle commencé à Paris doit donc finir à Colmar.

Quatre heures approchent; je ferme cette lettre et je la lâche vers l'Est comme un petit ballon perdu, précurseur du gros ballon qui va partir. Braque ta lunette, et attends-moi. Je ne puis te dire quel jour je ferai ma descente. Cette incertitude est un des charmes de mon voyage.

  Mais ne crains point que je m'égare,
   Les ailes que la liberté
  Daigne prêter à ma paternité
   Tiennent mieux que celles d'Icare;
Elles ne fondront point : si j'étais jeune encor,
 Je pourrais bien sur quelque doux feuillage,
  Et peut-être dans quelque cage,
Téméraire moineau, fourvoyer mon essor.
Piéges charmans! heureux l'âge où l'on vous redoute,
   Où l'on ne peut vous éviter!
Il en coûte, il est vrai, quelques plumes en route,
   Mais sont-elles à regretter?

Hélas ! pendant tout mon voyage,
Des ailes que je porte usant en sûreté,
J'ai la triste sécurité
D'arriver à Colmar avec tout mon plumage.

A MON FRÈRE.

Metz, 21 juillet 1823.

Je suis à Metz, sur le scabreux îlot
   Qu'on a choisi dans la rivière,
   Pour asseoir une poudrière,
Que fait marcher mon ami Perruchot,
Vulcain en chef de la forge guerrière ;
Et, c'est de cette forge, au bruit de vingt pilons,
Battant le bois brûlé, le soufre, le salpêtre,
   Que je t'écris. Au dos des vils oisons
     Ma plume ne doit pas son être ;
Elle est plus noble : apprends à la connaître.
Comme un aigle aguerri sur tous les horizons,
La Victoire vingt ans suivit nos bataillons ;
Après un vol si beau, mais périlleux et rude,
   En s'élevant sous un ciel de glaçons,
Elle tomba de froid, plus que de lassitude.
De généreux guerriers, voyant ainsi rompu
Le fil des jours brillans de leur fidèle amie,
   Ont arraché de son aile engourdie
     Autant de plumes qu'ils ont pu.
Mes doigts en tiennent une, et l'encre qui la mouille
     N'est pas ce limon qui barbouille
Tant d'innocent papier docile à tout souffrir ;
     C'est de la poudre délayée
Dans l'eau, dans la même eau qui lève et fait bondir
     Les vingt pilons qui l'ont broyée.

Pouvais-je me servir d'une plume et d'une encre plus convenables pour écrire au plus zélé panégyriste de nos faits d'armes? Quelle bonne fortune d'avoir trouvé à Metz des choses aussi appropriées au goût de mon correspondant!

C'est donc de la première ville de guerre du royaume que je date cette lettre, mon cher ami. Tu connais cet imposant rempart qui t'a vu, le fusil sur l'épaule et la giberne au derrière, crier *qui vive!* du fond de ta guérite. Voici celle où tu fis prisonnier un insolent qui l'avait prise pour le coin d'une borne, et qui paya cinq sols sa méprise et sa rançon.

Il faudrait épuiser le vocabulaire des fortifications pour décrire Metz. Je m'attendais à un aspect austère; et, sauf l'entrée avec ses portes étroites, ses ponts-levis, ses contrescarpes et ses fossés, tout m'a paru riant. Les troupes paraissent se jouer en manoeuvrant devant leurs casernes, tant l'espace est grand. Vous trouvez, à côté des batteries et des redoutes destinées à vomir la mort, ce qui fait aimer et entretient la vie, des bosquets, des champs couverts de légumes, de foin, de plantes céréales, d'arbres fruitiers.

Un classique à figures dirait que, pendant le repos de Mars, Pomone, Cérès et les divinités champêtres s'amusent à orner de leurs productions les environs de sa demeure, comme pour le dégoûter de la rage de détruire.

Je ne sais comment un romantique tournerait

cela; mais il aimerait mieux, je crois, nommer par leur noms les oignons, le persil, les pommes, les prunes, le blé, l'avoine, etc., que de les habiller de friperies mythologiques qu'il a laissées dans les balayures du collége.

> Terrible Mars! lumineux Apollon!
> Belle Vénus! orgueilleuse Junon!
>   Doux Zéphyr! odorante Flore!
> Foudroyant Jupiter! redoutable Pluton!
>   Pâle Diane! fraîche Aurore!
> Vos autels vermoulus ne sont plus de saison.
> Votre immortalité comme eux tombe en poussière.
>   Vous êtes morts, et votre panthéon
>   N'est plus, hélas! que votre cimetière.
>   Dormez-y donc, Dieux trépassés!
>   Et si, dans quelque paragraphe,
>   On voit encor vos noms tracés,
>   L'on croira lire une épitaphe.

L'esplanade, le palais du gouverneur, le quai, la Moselle, ses îles, les collines environnantes, forment un spectacle qui attache l'étranger comme un astre nouveau attacherait un observateur ébloui de sa beauté.

On sait que ces collines, dont la surface est si douce, ont des entrailles fulminantes, et qu'elles les ouvriraient sous les camps ennemis qui viendraient s'y asseoir.

La cathédrale est d'une belle architecture gothique, mais j'ai été choqué de la mesquinerie du buffet d'orgue qu'on dirait accroché à une fenêtre de la nef comme une cage de pic. Il eût mis en colère notre vieil ami Martini qui aimait tant cet instrument, sur lequel il préluda aux œuvres qui lui ont donné place parmi nos meilleurs compositeurs.

La ville a encore quelques maisons dont on fait remonter l'origine au règne de Brunehaut. Leurs combles sont armés de créneaux, ornemens qu'on ne préférera jamais aux balustres qui décorent nos toits à l'italienne.

La sévérité militaire de Metz n'a pas exclu un luxe de mollesse perfectionné par les Orientaux : ce sont des bains publics; il y en de fort élégans établis sur un pan de vieux rempart dont la Moselle arrose le pied. On ne craint pas que les grosses eaux les emportent comme ceux de Vigier bâtis sur des bateaux.

J'approuvais ces bains devant un jeune Messin qui a prétendu que j'avais tort, et qui m'a donné pour preuve cette boutade qu'il avait envoyée à sa maîtresse.

  Maudit soit le Vigier messin,
  Qui conçut le plan ridicule
  D'enfermer dans une cellule
  Un baigneur comme un capucin!
  Grâce à sa fabrique nouvelle,
  L'eau courante de la Moselle
  Ne bouillonne plus sur le sein
  Que lui présentait mon Adèle,
  Et vient dormir à côté d'elle

Dans le cuivre blanchi d'étain.
Je ne puis plus, triste rivière,
Lancé sur tes flots vagabonds,
Me mêler parmi tes Tritons,
Quand ma Naïade est prisonnière.
　Pour calmer mon ressentiment
Enfle tes ondes furieuses,
Et de leurs lames écumeuses
Mine et sape le monument
Qui te frustre de tes baigneuses !
Qu'il tombe dans ton sein vengeur,
Et fais qu'alors ma jeune amie
Ait besoin, pour sauver sa vie,
Du bras d'un vigoureux nageur !
Avec quelle ardeur, quel courage
Vers elle je me lancerais,
Suspends ou redouble ta rage,
A tes flots je l'arracherais ;
Reculasses-tu ton rivage,
Malgré toi je l'y porterais,
Mais si ta vague criminelle
Trahit ma force et mes efforts,
Je suis le plus heureux des morts
En me noyant avec Adèle ;
Alors d'un courroux déloyal
Les Amours vengeant tes victimes
Changeront en lit nuptial
La profondeur de tes abîmes.
Cependant, entre nous soit dit,
Ce que j'aimerais davantage,
Ce serait de trouver ce lit
Sur le gazon de ton rivage.

Je doute que ces vers émeuvent la Moselle et qu'ils

soient de force à faire tomber les bains de Metz, comme certaine trompette a fait tomber les murs de Jéricho.

Avant d'arriver ici, j'ai fait un trajet dont je te dois compte.

MEAUX.

La première station, en sortant de Paris, eut lieu à Meaux, pour souper à l'auberge des Trois Couronnes. Je regrettai de m'être muni d'un dîner qui m'a empêché de m'assurer si les denrées de notre pays natal avaient encore le goût d'autrefois.

Les Trois Couronnes m'ont rappelé l'ancien aubergiste Vasselard et sa tante Marguillier, vieille fille originale, plus amoureuse de paresse que de mariage, à qui l'on avait donné le sobriquet de Sara, et qui en effet eût été femme à mettre à sa place, pour dormir tranquille, une petite Agar dans le lit de son Abraham; elle resta sage parce que la sagesse causait moins d'embarras que la galanterie; avare et généreuse, elle thésaurisait pour se donner le droit de tancer ses neveux en leur prêtant de l'argent; elle ne louait personne de peur de se tromper, et aimait mieux se taire que de médire, parce que c'était plus tôt fait. Peu dévote et superstitieuse, elle se regimbait, quand ma mère la prêchait sur sa tiédeur pour la messe; elle se moquait du diable et craignait les revenans; amazone au bruit de vingt tambours, elle tombait en syncope à la détonnation du moindre pétard; et elle promettait d'aller à confesse, lorsqu'elle entendait tonner. Le tonnerre était l'*ultima ratio* pour la convertir.

> C'est elle qui, pour fuir le bruit des arquebuses,
> Qu'attirait en nos murs la conquête d'un prix,
> Au temps où pour d'Estaing s'évertuaient nos Muses,
> Me mena la première aux remparts de Paris.
> Il me manquait cinq mois pour compléter trois lustres;
> Faible appréciateur des monumens illustres
> Qu'observaient, en passant, mes yeux provinciaux,
> Ils m'intéressaient moins que les maisons de Meaux.
> La Marne, où je pêchais, l'emportait sur la Seine,
> Que j'admirais des ponts qui surmontent ses eaux.
> Jardins majestueux où l'ennui se promène!
> Et vous, arbres géans, dont la tige hautaine
> Semble, au sommet des airs, défier les oiseaux!
> Valiez-vous les buissons, les modestes ormeaux
> Qui du riant Crégy bordent la verte plaine?
> Les lieux où l'on naquit sont toujours les plus beaux.

LA FERTÉ-SOUS-JOUARE.

La Ferté sur la Marne est une jolie ville où l'on fait beaucoup de charbons pour les cuisines, et de meules pour les moulins. C'est là que naquit notre ami Guichard, bon jurisconsulte, homme d'esprit, auteur d'un excellent écrit sur les communes, et de l'ingénieux code civil des femmes. Il était frère de l'abbé Guichard, prédicateur que j'ai cité parmi les hommes distingués sortis du collége de Meaux.

La Ferté, qui vient de *fort*, doit son surnom à

Jouare, où était une noble abbaye de femmes. Elles avaient des chanoines pour le service de leur chapelle. Mon zélé camarade de classe Canat est mort étique à ce service. Jouare était un petit Saint-Denis pour les sépultures seigneuriales. On y voit encore des vestiges de ces vanités du néant.

Saint Blandin et *saint Potentien* qui passaient à Jouare pour guérir du mal caduc, attiraient tous les ans des pèlerins dont les convulsions rivalisaient celles de saint Médard. Ils poussaient des cris à fendre la voûte de l'église.

Mais qu'est Jouare avec sa vieille renommée féodale, monastique, religieuse, auprès de ce village voisin appelé *Sameron?*

« Si la Mecque est sacrée, en savez-vous la cause ?
« Ibrahim y naquit, et sa cendre y repose. »

Sameron serait une autre Mecque, si tu acquérais la réputation d'Abraham et de Mahomet. Il serait aussi, peut-être, une autre Utique, si ton énergie catonienne était mieux connue ; et qui plus est, une autre Rome si, au lieu de la mère Leroy, c'eût été une louve qui t'eût fait sucer son lait. Car qui sait jusqu'où peut aller dans un tempérament belliqueux l'influence du lait d'une louve ?

Sameron, où tes langes ont flotté comme pronostics de ton goût pour les drapeaux, ce village que je croyais une bicoque, a pris un grand accroissement, quoique privé depuis cinquante ans de l'homme qui y téta au bruit du tambour de son père nourricier. Il se prolonge sur les deux rives de la grande route, à peu près comme Neuilly. Il n'y manque pour mieux ressembler à Neuilly qu'un beau pont et la résidence d'un prince. Mais ce déficit serait racheté, si quelque circonstance mettait à la mode la curiosité d'aller voir le berceau qui reçut l'Annibal, le Germanicus de Meaux, celui qui descendit des Alpes à la fin du 18me siècle pour braver sur sa mule un vaisseau anglais de 74, et qui franchit le Rhin, lui cent millième, pour venger la défaite de Marceau, comme le neveu de Tibère avait vengé celle de Varus.

MONTMIRAIL.

Nous sommes allés de la Ferté prendre, à cinq heures du matin, une tasse de café-chicorée à Montmirail, lieu devenu célèbre par la déroute des Russes, qu'on ne se serait pas attendu à voir dans cette contrée en 1814, s'ils ne nous avaient pas vus à Moscou en 1812.

Montmirail doit dériver de *mons mirabilis, mont admirable*. Il a perdu quelque chose des caractères qui lui ont valu ce nom ; mais placé dans le voisinage d'une lande aussi triste que la Champagne dite *pouilleuse*, c'est sans doute la laideur de cette lande qui aura fait trouver *admirable* un site moins dépourvu de fécondité.

La nuit, humide et froide, n'avait pas été réchauffée dans ma cage roulante par la compagne qu'on m'avait donnée. Jamais coq ne s'est moins souvenu de son sexe à côté d'une poule. Il faut convenir que la poule n'avait pas plus de raison de se souvenir du sein à côté du coq.

De Montmirail à Étoges, la campagne, celle du moins qu'on voit de la grand' route, m'a paru assez belle. Mais d'Étoges à Châlons ce n'est qu'une terre presque aussi pelée que la perruque de Chapelain, et aussi pauvre, aussi rude que sa muse. Si c'est là ce qu'on appelle la *Champagne pouilleuse*, elle est mal nommée, car les poux n'auraient pas de quoi s'y nourrir. Ce que j'ai distingué, ce sont les pierres de craie dont on construit les maisons; elles sont d'une blancheur d'albâtre; il ne leur manque que le transparent; ce sont de très-agréables matériaux, qu'on taille en dés. C'est dommage que leur dureté ne résiste pas long-temps à l'air qui les ronge.

CHALONS.

Les voyageurs, distribués dans les trois compartimens de la diligence, ne s'étaient réunis qu'une fois, au souper de Meaux, depuis leur départ de Paris; mais ils ont fait plus ample connaissance à la dînée de Châlons. Personne ne m'a envié les tête-à-têtes nocturnes et diurnes que j'avais eus et que je devais avoir encore avec ma douairière dans le petit avant-corps du mobile château.

La pièce centrale et l'arrière-pièce étaient mieux

habitées : un locataire de la première, qui s'est trouvé appartenir à notre lieu natal par sa parenté, avait plus lieu d'être content de son voisinage.

  C'était une jeune mère
  Qui portait un nourrisson,
  A qui notre compagnon
  Eût voulu donner un frère.
  Cet enfant avait pour père
  Une espèce de Brunet,
  Qui, le contemplant, semblait
  Surpris de l'avoir pu faire ;
  Et notre Hélène, en secret,
  Comparant la vive allure
  Du Pâris qui la serrait,
  A la niaise figure
  Du Ménélas qu'elle avait,
  Tout bas, je crois, regrettait
  Que, lorsque son lourd manœuvre
  Mit son fils sur le métier,
  Un aussi leste ouvrier
  N'eût point eu de part à l'œuvre.

Le galant lorgnait, à la faveur du dérangement occasioné par la main errante du nourrisson, les contours de la source d'où s'épanchait ce breuvage d'albâtre, cette distillation de la substance maternelle qui fait le premier nectar de l'enfance.

  Mais voilà que du réservoir
 Où cette eau se repose au terme de sa route,
  Elle fuit, sans que l'on s'en doute,
  Comme d'un perfide arrosoir,

Sur le lorgneur qui se déroute,
Surpris d'être inondé sans entendre pleuvoir.
Son pantalon, d'où l'eau dégoutte
Comme s'il sortait du lavoir,
Lui dit tout bas : Monsieur, mieux vaudrait n'y voir goutte,
Que de m'apprendre ainsi ce qu'il en coûte
A regarder ce qu'on ne doit pas voir.

Le maître, qui ne s'attendait pas à cette semonce de son pantalon, le consola en lui faisant prendre un air de feu de cuisine qui le sécha; et, au risque de compromettre encore l'offensé, il vint se mettre à table à côté de celle qui portait l'offenseur.

Je ne sais jusqu'où serait allé le roman, s'il n'eût point fini à Sainte-Ménéhoult par la retraite du héros, que sa femme attendait dans les environs. Elle aura eu probablement quelques reflets du feu allumé dans la route, sans se douter que les étincelles qui l'avaient produit étaient sorties d'autres yeux que des siens.

SAINTE-MÉNÉHOULT.

La ville de Sainte-Ménéhoult m'a paru assez jolie, et passablement bâtie. Je crois qu'elle a un mérite indépendant des pieds salés qui ont fait inscrire son nom dans les fastes de la charcuterie. Je l'ai traversée pédestrement avec un habitant de notre demeure à roues, qui a promptement gagné ma confiance en me parlant de mes amis.

C'est un ancien clerc de notaire,
Aujourd'hui grave magistrat,
Égayant l'honneur d'être père
Des souvenirs du célibat.
Vénus le vit sous ses bannières
Servir en valeureux soldat,
Et, dans ses courses printannières,
Mériter par ses coups d'éclat,
Qu'à l'âge où l'on n'en fait plus guères,
Son Esculape l'envoyât
Se réconforter à Plombières.

Il y va, en effet, pour restaurer son estomac, innocent souffre-douleur qui paie les fredaines des autres organes.

VALMY.

L'aridité de la lande champenoise que nous avons parcourue ne m'a offert d'intéressant que la plaine de Valmy, célèbre par la jonction de l'armée de Kellermann à celle de Dumourier en 1793, et par la première preuve de supériorité que nos guerriers novices y donnèrent sur les vieux routiers de l'armée prussienne. On m'a fait remarquer sur un tertre, au milieu de cette plaine, le monument qui renferme le cœur du général Kellermann mort, à plus de quatre-vingts ans, duc de Valmy, maréchal et pair de France. C'est de ce tertre qu'il harangua sa troupe pour l'exciter à fondre sur les Prussiens, comme Romulus harangua d'un théâtre ses Romains pour les exciter à fondre sur les Sabines, prise un peu plus divertissante que celle des soldats de Brunswick.

Ces soldats portaient de longues queues, la plupart postiches. Un général, qui était alors aide-de-camp de Dumourier, m'a dit que nos gens avaient attrapé beaucoup de fuyards par ces queues qui leur étaient restées dans les mains, et qu'ils dansaient en les agitant comme des marottes au nez de ceux qui les avaient portées. Voilà des dépouilles opimes fort drôles!

La Champagne ne perd son air d'Arabie qu'à un endroit qu'on appelle Notre-Dame-de-l'Épine. C'était autrefois une colonie qu'avait attirée un monastère fameux dont l'église encore debout est digne du crayon des artistes à qui nous devons le Voyage pittoresque de France. Les maisons des colons, semblables à des cellules de chartreux, se groupent, se dispersent parmi des cerisiers d'où proviennent, dit-on, ceux de Montmorency. La nuit nous a surpris aux limites de cette jolie Thébaïde terminée par la vallée d'Argone. Cette belle vallée est sauvage et cultivée, claire et touffue; les eaux des hautes collines boisées qui la bornent à l'Est et à l'Ouest se réunissent au milieu par divers ruisseaux qui en coupent la surface, et en font une espèce d'échiquier dont les cases sont des prairies et des champs de grains.

Nous avons déposé à Clermont une jeune personne qui s'était tenue à l'écart pendant la route, et qui voyageait sous la conduite de son père. Elle était attendue par un jeune homme à la porte du relais. Je soupçonne que c'était un mari futur, et que la belle revenait de faire à Paris ses emplettes de mariage. Le jeune homme s'empara des malles, des paquets, comme d'un trophée, et les porta sans s'apercevoir de leur pesanteur. Il était nuit close; j'ai jugé, au son de voix de la jeune voyageuse et à sa tournure, qu'elle devait être jolie, et que si, au lieu de malles et de paquets, son amant eût eu sa maîtresse à porter, elle méritait qu'il courût la chance de succomber sous ce fardeau, comme cet amoureux normand, à qui un pareil essai de ses forces valut l'honneur d'être inscrit au martyrologe de l'amour, et de donner son nom à un monastère élevé à l'endroit même où sa vie s'exhala de fatigue.

VERDUN.

Nous sommes arrivés à Verdun à une heure du matin. Je n'ai vu cette ancienne ville forte qu'au clair de la lune. L'émigration a dispersé ses anciens habitans les plus riches. Les Anglais qu'on y a retenus vingt ans prisonniers, y ont laissé plus de dettes que d'argent.

L'oisiveté, mère de tous vices, en a fait des *Lovelaces*, et Verdun et ses environs sont peuplés de leurs *Clarices*.

La renommée des dragées de Verdun est soutenue par le zèle d'une confiseuse qui se prive de sommeil à l'heure où la diligence passe, dans l'espoir que ses sucreries attireront, la nuit, les voyageurs chez elle, comme elles attirent les mouches le jour. J'ai donné dans ce piége; la marchande m'a paru être le meilleur bonbon de sa boutique. Elle est svelte, vive; on voit qu'elle *a passé sous la ligne,* non celle où l'on baptise, en les inondant, les marins qui la passent pour la première fois, mais cette ligne où le soleil d'amour darde sa plus vive chaleur. La confiseuse paraît avoir bien supporté cette température.

Sous ce tropique elle demeura fraîche;
C'est un beau fruit, sur qui l'astre d'amour
Lança ses feux, comme l'astre du jour
   Lance les siens sur une pêche,
Sans dessécher ni ternir son contour.
   Ce fruit, rappelant le prodige
De cet oiseau qui meurt pour reprendre l'essor,
  Cueilli, croqué, reparaît sur sa tige,
Pour qu'on le cueille et qu'on le croque encor.

J'ai acheté quelques rouleaux d'anis à cette jolie marchande, tribut qu'elle préférait à des douceurs plus fades que ses dragées. Aux idées galantes qu'elle m'inspirait, il s'en mêla d'autres qui me firent rétrograder de trente ans. Les rétrogradations de ce genre, à mon âge, sont ordinairement agréables: celle-ci fut lugubre. Pouvais-je être à Verdun, et chez une marchande de dragées, sans me rappeler ces trois belles personnes du même état, qui payèrent de leur tête l'offrande qu'elles firent au roi de Prusse des produits de leur fabrique? On transforma en crime cet innocent tribut présenté par des mains virginales, au vainqueur qui entrait dans leurs murs. Le minotaure qui dévorait les vierges grecques était-il un monstre plus abominable que les assassins des vierges de Verdun?

ÉTAIN.

Le matin était dans son éclat quand nous avons traversé la très-agréable bourgade d'Étain qu'on prendrait, peu s'en faut, pour un fragment de la rue Vivienne, tant les boutiques sont élégantes et propres! Je présume que les marchandes ont quelque chose de la coquetterie de leur comptoir.

Étain, moitié ville, moitié campagne, serait un joli hospice pour quelques-uns des nombreux réformés dont on a mutilé la vie. Ils y vivraient à peu de frais et sentiraient moins le mal que leur ont fait les mutilateurs.

METZ.

Partis de Paris le samedi à quatre heures, nous sommes arrivés, le lundi à midi, dans la vieille capitale du royaume d'Austrasie, où régna cette Sémiramis française, rivale de Frédégonde qui ne périt pas comme la Sémiramis babylonienne dans le tombeau de son mari, mais attachée à la queue d'un cheval,

Tu vois que pour faire plus de quatre vingts lieues en trente six heures, la diligence dans laquelle j'étais, ne s'est point *embourbée* et qu'elle justifie assez bien sa dénomination.

La côte par laquelle on descend à Metz offre *une belle et triomphante vue*, comme madame de Sévigné appelle celle de Grignan. Elle domine un riche vallon semé de villages parmi lesquels se trouve celui dont mon ami et mon patron *Longeville* portait le nom, parce que son grand père Salverte y possédait un petit domaine.

Son fils habite la ville où est né son père : il y fait faire de la poudre à canon. Puisse-t-elle ne servir que contre ceux qui tenteraient d'imiter ou de rappeler les meurtriers de ce malheureux père, mort à la fleur de l'âge en 1794 sur l'autel où les druides de l'anarchie sacrifiaient à leur divinité les amis de l'ordre !

Un philantrope ne verrait pas sans frémir cette fabrication du plus terrible élément de destruction qui ait pu être inventé. Je l'ai vu avec d'autres sentimens. La poudre a plus servi qu'on ne croit à la civilisation européenne. Les châtelains sont devenus moins insolens envers leurs vassaux, quand quelques grains de salpêtre mêlés avec du charbon et du souffre ont mis aux mains du serf une arme plus puissante que la lance, le fer et le bronze dont le maître était bardé. La poudre, c'est le tonnerre, pour ainsi dire, monnayé, et mis en circulation pour faire, si on peut s'exprimer ainsi, une distribution égale de moyens de défense entre les hommes, et niveler le faible et le fort.

Je sais bien que cette espèce de loi agraire n'est pas sans inconvénient, où n'y en a-t-il pas? mais pour qui y regarde de près, le genre humain a plus gagné que perdu à cette loi : elle vaut mieux que la loi agraire des Gracques.

Voilà une digression bien grave ; mais elle ne doit pas déplaire à un amateur de batailles ; celui qui a de la poudre dans les veines ne sera pas fâché d'en voir l'apologie dans ce qu'on lui écrit. C'est lui donner l'occasion de lire l'éloge d'une qualité de son tempérament.

La cloche m'avertit d'aller m'asseoir à la table d'hôte; on m'y promet bonne chère. J'en fais assez peu de cas. Je n'ai d'appétit que d'une chose, c'est de concorde publique. Puisse ce mets devenir général, et la France être une grande table d'hôte où tous les convives s'en régalent sans jamais se rassasier !

Un méchant dira peut-être que ce vœu ressemble à un regret pour ces *repas fraternels* pris dans les rues, du temps des *frères et amis*. Ce méchant dira une sottise, je marche sur cette goutte de venin comme sur une tête de couleuvre.

Adieu, mon ami, ma première lettre sera datée de Nancy où je compte aller demain par une guimbarde moins commode que le pavillon qui m'a roulé à Metz.

A MADAME L. P.

Nancy, 25 juillet 1823.

Le voyageur, belle cousine, avec qui vous deviez faire route en malle-poste et que vous avez laissé aller tout seul, ne vous boudera point de cet abandon; il s'en dédommagera en causant épistolairement avec vous; ne pouvant adresser à vos oreilles les impressions qu'il recevra, il les mettra sous vos yeux; et vous ferez, sans quitter votre cher Paris, le voyage que vous n'avez pas voulu entreprendre.

Je devais au belliqueux Natal la lettre que j'ai datée d'une ville guerrière. Il vous dira comment j'ai franchi le trajet de Paris à Metz.

Je vous dirai celui de Metz à Nancy.

On a été surpris de m'y voir arriver seul. On m'a demandé compte de ma compagne.

Ne me grondez pas, ai-je dit,
Si ma paresseuse compagne
Aime mieux dormir dans son lit
Que de veiller en courant la campagne.
L'homme ne peut, dit-on, échapper à l'ennui,
Cet ennemi partout le gagne;
Il monte en croupe et galoppe avec lui.
Ce n'est point ce démon que ma cousine a fui;
Si comme ailleurs il se glisse en Lorraine;
Elle sait que chez vous on le peut esquiver;

Mais en chemin elle a craint de trouver
Certain autre démon qu'on appelle MIGRAINE.
Car si, quand ce lutin a des traits à lancer,
De Morphée en védette il viole le poste,
    Comment l'empêcher de forcer
    Les panneaux d'une malle-poste?

Ma cousine, ai-je ajouté, a cru voir ce fantôme qui la menaçait au moment de monter en voiture, et son courage s'est pétrifié comme devant la tête de Méduse.

Cette pétrification a été une raison sans réplique. On a jugé que dans cet état vous ne pouviez pas faire autrement que de rester en place; vous avez été absoute et moi aussi, mais non sans *maudissons* contre la migraine.

J'ai préféré, comme vous savez, la diligence à la malle-poste. Celle qui m'a conduit de Metz ici ne vous aurait pas apprivoisée avec cet équipage; un gros juif et sa femme qui n'avaient point fait les ablutions prescrites par Moïse, y transformaient l'intérieur du carrosse en bergerie de boucs. J'échappais à cette odeur, en humant l'air par la lucarne appelée portière, et en regardant les rives de la Moselle qui longent la route. C'est un paysage continuel qui doit effacer ceux de l'Arcadie, car nous sommes plus avancés que les Grecs en agriculture.

JOUY.

On rencontre au village de Jouy une belle ruine

romaine : ce sont les restes d'un vaste aquéduc qui s'appuyait sur deux montagnes à une lieue de distance l'une de l'autre, et voiturait au-dessus de la Moselle une autre rivière. Celle-ci était suspendue dans les airs comme les jardins de Babylone, tandis que l'autre serpentait humblement sur la terre. Depuis que le temps a brisé le char de la naïade aérienne, ses eaux se perdent sans gloire dans l'urne de sa rivale, et il ne reste d'autre signe de son antique indépendance qu'une douzaine de piles et d'arceaux qui se dégradent tous les jours malgré la dureté de leur ciment.

A côté de la compote juive qui cuisait dans son jus, un ancien officier de hussards de Lauzun se bourrait le nez de tabac, et nous parlait de l'élégant libertinage de son colonel, pour se distraire des émanations judaïques.

M. de Lauzun engagé dans le parti de la révolution, par suite de ses relations libertines avec le duc d'Orléans, a péri en 1793 sous le nom de *général Biron*. La canaille qui gouvernait alors, ne pouvait souffrir à la tête des armées un officier qui ne fût pas comme elle sorti de la fange, ou qui ne s'y vautrât point avec elle. Ce M. de Lauzun qui passait pour être aussi vaillant dans un boudoir que sur un champ de bataille, a laissé des *Mémoires* non moins indiscrets pour les femmes dont il a eu les bontés, que les confessions de Rousseau pour Mme de Warens et autres. L'exemple de Rousseau n'était pas bon à suivre, quand même on aurait eu comme lui le talent de faire excuser par le charme du style le vice du sujet.

Le vieil officier qui avait fait de très-bons soupers et bu de très-bons vins chez son colonel ne se rappelait que ces fêtes ; et malgré sa ferveur pour le culte politique dans lequel il avait été élevé, porté à l'indulgence pour son ancien amphitryon, il mettait l'abjuration de cet épicurien militaire sur le compte de ses *liaisons dangereuses*. Voilà un dévôt tolérant : j'aime ces dévots-là.

La route de Metz à Nancy est une promenade comme la terrrasse de Saint-Cloud sur le bord de l'eau, excepté qu'elle a 14 ou 15 lieues de plus, ce qui ne lui fait rien perdre à la comparaison.

PONT-A-MOUSSON.

Nous avons changé de chevaux à Pont-à-Mousson, ville agréable, au centre de laquelle est une grande place à arcades, comme la Place Royale de Paris. On citait autrefois cette ville comme un lieu de plaisir ; les militaires en garnison y fesaient les honneurs. Placée entre Nancy et Metz, elle était la métropole de la galanterie lorraine. Les femmes de ces deux cités s'y rendaient comme à un pélérinage dont les pratiques leur inspiraient beaucoup de dévotion.

   Ces pratiques n'étaient point
   Des messes, des patenôtres,
   Des sermons à triple point,
   Plus lourds les uns que les autres;

> C'étaient des bals, des concerts,
> Sous des arbres, sous des tentes,
> Aux lueurs étincelantes
> De mille fanaux divers,
> Qui figuraient dans les airs
> Des arcades scintillantes
> Et des girandes brillantes,
> Dont les lumineux reflets,
> S'étendant sur les montagnes,
> Portaient jusqu'à leurs sommets
> Le même éclat qu'aux campagnes.

Ce luminaire valait bien les cierges qu'on brûlait dans d'autres pèlerinages. L'habit retroussé des militaires ne faisait pas regretter les soutanes; et les pèlerines ne s'en retournaient guère sans former le vœu de revenir. Ces pèlerinages étaient efficaces pour guérir diverses infirmités, comme dénouer l'esprit des filles, aiguiser celui des femmes, et préparer le front des maris à recevoir, à leur insu et sans douleur, l'inoculation de certaine maladie éruptive à laquelle ils sont sujets.

On m'a montré à quelque distance de Pont-à-Mousson une belle *villa* dont le propriétaire ci-devant porte-balle m'a rappelé cet autre seigneur ci-devant garçon perruquier qui se reposant, en arrivant à Paris, sur la borne d'un château dit : Que je fasse fortune, j'achète cette maison-là. Il fit en effet fortune, et acquit la maison. Pourquoi l'ouvrier ne trouverait-il pas dans le monde les mêmes chances qu'un soldat à l'armée? Pourquoi l'art de coiffer, d'habiller, de loger, de nourrir les hommes ne rapporterait-il pas autant que celui de les tuer?

NANCY.

Nous avons fait à sept heures du soir notre entrée à Nancy, dont les portes sont des arcs de triomphe. Le contenu de la diligence s'est dispersé devant l'auberge où s'arrêtait le contenant. Le couple juif s'est dirigé vers quelque taudis ; le vieux hussard de Lauzun, traînant un paquet qui n'avait pas aussi bon air que sa chabraque et son sabre, nous a fait ses adieux pour aller chercher un logement où il n'a pas dû faire peur à la vertu des hôtesses. Nous avions un jeune clerc de notaire qui s'est rapidement éclipsé, moins, je crois, pour faire regagner à son patron le temps perdu en route, que pour porter cette compensation à quelqu'un qui lui en aura su plus de gré.

Ayant un aimable compagnon de voyage dont je ne voulais pas me séparer, je m'abstins de descendre dans la maison particulière où nous aurions logé vous et moi, si vous n'aviez pas mieux aimé Paris que Nancy.

> Débarqués de la diligence,
> Et nos sacs de nuit sous le bras,
> L'aubergiste ne nous prit pas
> Pour des voyageurs d'importance

Et crut que, faisant peu de cas
Des richesses de sa cuisine,
Nous n'allions faire qu'un repas
Aussi mince que notre mine.
Il vit qu'il pouvait se tromper,
Quand, pour notre faim de voyage,
Nous commandâmes un souper
Qui démentait notre équipage.
Mais qu'il fut sot notre Bonneau,
Lorsqu'un gros-bonnet de la ville
Vint, par sa visite civile,
Éventer notre incognito!
Dès lors, valets, maître, maîtresse,
Tout se trémousse, tout s'empresse :
Pardon, messieurs, mille pardons!
Trouvez-vous vos chambres honnêtes?
Sinon, parlez : d'autres sont prêtes.
Aimez-vous que les lits soient bons?
Vous en aurez, nous en avons.
Peu s'en faut qu'en sa gentillesse
L'hôte, à l'exemple des Lapons,
Ne fît les honneurs de l'hôtesse,
Qui le matin, je le confesse,
Eût dit peut-être à son époux
Que d'autres auraient mieux que nous
Profité de sa politesse.

Nancy est un second Versailles. Même espace, même propreté, même alignement dans les rues, même luxe dans les bâtisses ordinaires, et presque même magnificence dans le palais du gouvernement, en face duquel s'ouvre une belle cour circulaire, ornée de colonnes comme la cour de l'hôtel

Soubise. Cette cour précède une place longue plantée d'arbres, et à la suite de cette jolie place se développe avec majesté la Place Royale de forme octogone, du milieu de laquelle on voit les quatre portes principales de la ville. Rien de plus imposant que cette perspective.

Les édifices de Nancy sont historiques. On ne peut les voir sans se rappeler les prospérités et les revers de Charles XII, les premières défaites et les dernières victoires de Pierre-le-Grand. C'est du conflit de ces faits que sortirent l'élévation et la chute de Stanislas, roi de Pologne qui, dans sa disgrâce, obtint un asile du roi de France et un trône pour sa fille.

Nancy reconstruite et embellie par lui atteste, comme ces monumens que Sésostris élevait en mémoire de ses hauts faits, une grande réparation accordée à une grande infortune. Cet acte d'une paisible générosité méritait autant que les bruyans exploits d'un conquérant de faire la matière d'une histoire écrite en monumens, typographie lapidaire qui, malgré sa pompe, ne vaut pas l'encre de Tacite.

Ce qui dépare Nancy, c'est son pavage en petits cailloux et les nombreuses lacunes qui s'y trouvent. L'herbe croît dans beaucoup de rues, faute de pieds qui la froissent. Nancy a, dit-on, vingt-cinq mille âmes, il lui en faudrait le double.

Grâce à la vaccine et à la paix, la population prend une progression qui remplira les vides. Il y a bien des terrains encore à mettre en valeur avant que la fertilité de la France manque à la nourriture de ses habitans. La marge est grande pour arriver au point où en est la Chine. D'ailleurs nous n'en serons jamais réduits là. Nous avons un écoulement qu'elle se refuse, celui des transmigrations. Le monde est ouvert aux Français. Aussi en rencontre-t-on partout, et je connais un homme d'état qui parierait qu'on en trouverait à Tumbucto. Le trop plein de la France, s'il arrive, ne manquera point d'espace pour se répandre.

Les belles rues de Nancy sont encore gâtées par les trappes de caves qui sont en dehors des maisons et en interrompent l'alignement. Cette grotesque mode champenoise ne convient pas à une ville élégante : c'est porter des sabots avec des bas de soie.

La salle de spectacle n'est pas un édifice aussi remarquable que les autres monumens publics, Perlet l'honore en ce moment.

« Tout petit prince a des ambassadeurs,
« Tout marquis veut avoir des pages. »

Perlet, prince déchu d'une bourgade théâtrale, tranche du souverain de la scène comme Talma. Il va comme lui lever des tributs dans les provinces qui veulent bien reconnaître l'autorité de son talent ; il fait payer le rire aussi cher que Talma les larmes.

A propos de larmes ! J'ai vu le tombeau d'un

prince qui en a fait verser à sa mort. Le roi Stanislas et sa femme n'ont pas pour sépulture une montagne pointue faite de main d'homme, mais une chapelle plus élégante que ne le comporte l'austérité de sa destination. Le même contresens est dans les mausolées de marbre. On y voit beaucoup de talent dépensé sans goût.

Vous rappelez-vous le tombeau du duc d'Harcourt qu'on voyait aux Petits-Augustins? Le squelette du duc en soulève le couvercle, comme pour inviter sa femme debout devant lui à venir y prendre place à ses côtés. Le beau lit nuptial! Quel travers de transporter sur un sépulcre l'idée de deux époux que l'hymen va réunir dans la même couche! C'est affubler Young de la tunique d'Anacréon.

Eh bien! le tombeau de la reine de Pologne offre à peu près la même disparate. Elle est en habit de cour sur sa bière, avec manchettes, diamans, broderies, dentelle, frisure, les bras tendus vers la Religion qui lui montre le ciel, comme si une reine ne pouvait aller là sans son costume de palais, et qu'il lui fallût pour faire ce voyage, la même toilette que pour une réception d'ambassadeurs! La mort n'a ni ce faste ni cette coquetterie.

La société de Nancy n'est pas divisée. On y aime mieux le plaisir que les disputes. On y joue la comédie. Une muse du lieu y préside. Nancy a conservé son académie dont furent membres Palissot et Fréron. Si elle ne compte plus de pareils talens, elle n'a pas de peine à compter de meilleurs esprits,

SAINT-NICOLAS.

Saint-Nicolas est le lieu natal du Lorrain dont ma tante à fait mon oncle, et qui m'a introduit le premier dans l'administration. Ma reconnaissance m'a inspiré pour cette ville un intérêt particulier. Son église gothique et ses deux belles tours sont très-remarquables. Ce monument s'élève au milieu de masures, comme un chêne entouré d'arbres rabougris. C'est le reste d'un collége de Jésuites.

ROSIÈRE.

Un collége, plus moderne, mieux entretenu, attendait notre visite deux lieues plus loin. Il est d'une singulière espèce ; l'éducation y fait grand plaisir à qui la donne et à qui la reçoit. Je ne sais, ma chère cousine, comment vous la définir, car quoique publique et protégée par le gouvernement, cette éducation n'est nullement édifiante ; et j'ai peine à trouver des mots sortables pour vous expliquer l'habileté des maîtres et le fruit qu'en retirent les élèves. Ces maîtres sont dans un grand dortoir divisé en cellules ouvertes où leurs tables sont dressées à côté de leurs lits. Ils n'ont pas non plus d'autres garde-robes ; leur science n'est pas de lire et écrire, mais d'être vigoureux et beaux ; elle n'entre point par l'oreille et ne se fixe point dans la tête comme les autres sciences. Par où donc entre-t-elle? et où gît-elle? Ma foi, ma cousine, allez le demander au savant qui a révélé comment l'esprit venait aux filles! J'aurais plus tôt fait de vous dire que ce collége est un haras; les maîtres, des étalons; et les élèves, des jumens du voisinage qui viennent apprendre à faire de beaux poulains.

Le proviseur de cette institution entend supérieurement l'art de faire fleurir l'éducation qui lui est confiée. Le plus illustre de ses professeurs est un Arabe de race pure, aussi l'appelle-t-on le *Bédouin*. S'il ne détrousse pas les caravanes comme ses compatriotes, l'effronté ne laisse intacte aucune des vestales quadrupèdes qu'il peut approcher.

> J'ai vu ce brillant Bucéphal
> A prunelle enflammée, à flottante crinière,
> De ses pas vagabonds effleurant la carrière,
> Des coursiers du Soleil se montrer le rival.
> Non, ce n'est pas pour battre une terre grossière,
> Ni pour faire voler une vile poussière,
>   Qu'il a reçu des pieds ailés;
> C'est pour franchir du ciel les chemins étoilés,
>   Et n'envoyer que des flots de lumière.

S'il eût vécu du temps qu'Apollon conduisait le char du Soleil, le dieu aurait voulu l'avoir dans son attelage.

J'aurais pu comparer aussi bien et peut-être mieux le haras de Rosière à un sérail qu'à un collége. Mon Arabe en eût été le sultan, l'Orosmane; et parmi les cavales, c'est à qui se fût vantée d'être ou d'avoir été sa Zaïre.

Pour parler sans figure, le haras de Rosière est un établissement qui m'a paru très-habilement dirigé, tant sous le rapport de l'administration que sous celui de la reproduction. De beaux pâturages coupés par une rivière, un joli bois rafraîchi par des fontaines, sont à portée de l'habitation des chevaux et de leur jeune postérité, qu'on voit jouer dans la plaine et les taillis, sous les yeux de leurs mères.

J'ai admiré la propreté des écuries. Vous y marcheriez avec vos souliers blancs sans les tacher.

Je dois à un ancien camarade de finance le plaisir d'avoir fait connaissance avec le haras de Rosière et son habile directeur.

SAINTE-MARIE.

La même personne m'a fait faire une autre connaissance; c'est celle de sa famille. Il n'est pas seulement père d'enfans de la même espèce que lui, il l'est encore d'une fille muette et parlante, c'est-à-dire qu'elle n'a point de langue qui articule, mais une physionomie fort agréablement expressive. Je suis en train de faire des énigmes; je ne vous ferai pas attendre le mot de celle-ci.

La fille dont il s'agit est une jolie maison de campagne créée par le propriétaire : elle s'appelle Sainte-Marie. Jamais enfant n'a mieux répondu aux soins de son instituteur, ni montré avec plus de grâce et de profusion les fleurs dont il s'est plu à orner son heureux naturel.

Il y a dans cette campagne une allée dont le nom est un peu sinistre; elle s'appelle l'*Allée du Duel.* La maîtresse du logis a failli y recevoir une balle en s'y promenant. Cette balle partait d'un combat entre deux officiers de la garnison de Nancy, qui vidaient une querelle derrière la haie de clôture. Ils se sont blessés tous les deux, et tous les deux ont reçu les premiers pansemens dans la maison dont ils venaient d'ensanglanter la lisière.

Heureusement il n'y a point eu de mort.

Si cette *Allée du Duel* était dans mon Passy, elle aurait eu son inscription; c'eût été peut-être celle-ci.

> Grossier, stupide, atroce, enfant des mœurs sauvages,
> A des peuples polis un tyran fait la loi.
> Malgré l'humanité, malgré la voix des sages,
> Sur son trône de fer inébranlable roi,
> Sa vie opiniâtre a franchi tous les âges;
> Il règne, il boit le sang; et ce monstre cruel;
> Ce vampire impuni, quel est-il? le duel.

Je ne resterai pas à Nancy autant que je le croyais. Ma nièce que je venais y voir dans son jeune ménage est à Plombières. Je compte aller la relancer dans sa cuve et faire sans conséquence le rôle d'Actéon. Je dirai demain adieu à son beau-père dont l'accueil vous eût payé des fatigues de la route. Vous auriez eu peine à quitter sa maison où il vit en patriarche, sans en avoir l'âge. Sa famille est dispersée par la saison des bains maritimes et des bains thermaux ; elle nage en pleine eau l'été, comme en plein bonheur, l'hiver. L'amitié que chacun se porte ressemble aux fontaines de Plombières, qui échauffent sans brûler.

>Permettez, ma chère cousine,
>Que ma lettre finisse ici,
>Et que je baise, de Nancy,
>Et votre main et votre mine.
>Ainsi que les petits gâteaux
>Que leur chaleur seule assaisonne,
>Les baisers qu'on rend ou qu'on donne
>Veulent être servis tout chauds.
>Au mépris de cette recette,
>Les miens, de Lorraine partis,
>Vu la route qu'ils auront faite,
>Arriveront tout refroidis.
>Mais si, tenant votre promesse,
>Vous m'aviez suivi dans mon tour,
>Au lieu de rester à Lutèce,
>Vous les auriez sortans du four.

A MON COUSIN,

A MARSEILLE.

Plombières, 27 juillet 1813.

Tu vas tomber de ton haut en rapprochant du timbre de cette lettre le nom du signataire. *Plombières* et *Verfèle* ! Comment ces deux extrêmes, diras-tu, ont-ils pu se rencontrer? Ce Verfèle, ci-devant contre-maître d'un vieux vaisseau, le voilà qui fait le mousse ! Lui qui s'est tenu si long-temps sur le pont, comment s'est-il hissé au mât de perroquet? car les hauteurs de Plombières, comparées aux rues de Paris, sont des mâts de perroquet.

C'est de là, mon cher, que je t'écris. Les voyages font faire des réflexions. J'admire que je sois venu de Paris ici sans plus de difficulté que du Palais-Royal à la barrière d'Enfer. Quelle belle chose que les grandes routes ! La civilisation a rendu tout le globe viable, jusqu'aux montagnes, aux fleuves et aux mers. La religion chrétienne nous dit que tous les hommes sont frères : la facilité des communications démontrera de plus en plus cette vérité. Les habitans de notre planète seront comme ceux d'un même quartier qui voisinent ensemble. Enfans d'une même terre, notre fraternité commence par nos relations, en attendant qu'elle s'étende et s'affermisse, soit par la tolérance, soit par une analogie sommaire d'intérêts, de mœurs, de connaissances de culte, qui se rapprochera, pour le fonds, d'une certaine conformité générale. Plus on verra, moins on aura d'ignorance ; plus les antipathies de nations à nations s'effaceront. J'ai vu naître et périr la fameuse doctrine de la fraternisation ; cependant le mot était bon, si les doctrinaires étaient mauvais. Voulez-vous faire fraterniser les peuples? ouvrez de grands chemins. Les grands chemins sont les meilleurs propagateurs des bons codes et des bonnes maximes. Les vérités s'importent et s'exportent par les grands chemins comme les denrées, et avec elles.

Je suis venu à Plombières pour y voir ta fille Mélanie, que je n'ai pas trouvée à Nancy. Ce n'est pas sa santé qui l'a amenée ici ; car elle n'a pas besoin de la venir chercher dans les baignoires thermales : elle la pompe dans l'air de la Lorraine, comme elle l'avait pompée dans la Provence. Son régime médical est de se donner la peine de respirer. Elle accompagne une belle-sœur à qui ce régime ne suffit pas, et qui croit y trouver un supplément dans les eaux dont elle se trempe, et s'abreuve tour à tour.

La route de Nancy à Plombières est charmante ; on ne quitte pas les bords de la Moselle. Cette rivière est la plus dévergondée de toutes les rivières ; elle roule des cailloux sans nombre, elle disperse ses eaux et ses pierres comme une fille égrillarde et capricieuse disperse ses faveurs et ses soufflets. Cette coureuse ne se met à la raison que quand sa sœur la Meurthe lui infuse sa sagesse en se mêlant à elle, et elle a un air de dignité quand elle passe sous les remparts de Metz, comme si la gravité guerrière de cette ville lui commandait ce décorum.

Ton gendre faisait l'office de maréchal-des-logis ; nous devions à ses soins la calèche d'emprunt qui nous roulait en poste, lui, un magistrat qui cesse de l'être hors de son siége, et moi qui ne suis rien. Ce magistrat a un chapelet d'anecdotes qu'il défile en route pour amuser ses compagnons ; en voici une assez croustilleuse que je saupoudrerai de rimes pour la faire passer.

>   Au temps de sa cléricature,
> D'une actrice de prix il devint amoureux ;
>   C'était une autre Alcimadure
>   Pour les amans à gousset creux,
>   Ou portant un nom de roture :
>   Notre clerc était tous les deux.
> Sous un nom de marquis il écrit à la belle,
>   Qu'il languit d'amour et d'ennui,
>   Sous l'autorité paternelle,
> Que ne pouvant la recevoir chez lui,
> Il serait trop heureux d'être reçu chez elle.
>   Marquis ! ce nom chatouille la beauté
>   A qui la missive s'adresse.
>   Ajoutez-y la curiosité,
>   Plus la secrète vanité
>   D'instruire la jeune noblesse ;
>   Et vous ne serez plus surpris

VOYAGE

    Que la dédaigneuse prêtresse
      Ait ouvert son temple au marquis.
On l'invite à dîner. Cette heureuse réponse
Arrive au gentilhomme à son pupître assis;
Sur sa crasse de clerc passant la pierre-ponce,
    Du sang des rois, dit-il, je suis sorti;
Une reine m'appelle, il faut que je m'annonce
Avec un équipage à mon rang assorti.
Vite! un char leste et haut, pour faire l'escalade
Du ciel où je dois être avant la fin du jour.
Je serai ton jokey, lui dit un camarade;
Soit! prends donc la livrée, et moi l'habit de cour.
    Ils vont dans cette mascarade,
    Brillans d'espoir, au palais de l'amour.
      Le prince aborde la princesse,
      Qui le reçoit avec faveur,
      Tandis que la fille d'honneur
Abaisse sur le page un œil qui le caresse.
        La maîtresse veut voir
        Jusqu'où va le savoir
Du cadet que l'amour à son école adresse.
Du livre du plaisir elle tient l'alphabet:
L'élève en hésitant lit le premier feuillet,
    Comme s'il craignait les férules;
    On l'encourage, et bientôt l'indiscret
      Lit couramment et tout d'un trait,
    Sans marquer ni points ni virgules.
La maîtresse trouva son écolier parfait.
Le dîner vient; pour lui la table se décore
De mets piquans et fins dont l'air est embaumé.
De celle qui les donne il est plus affamé.
      Ogre charmant, il la dévore;
      Sa proie en ses bras s'applaudit
      D'être l'objet de l'appétit
      Du plus aimable minotaure.

Mais de ce repas fait sans modération,
Qu'arriva-t-il? Le clerc rentra dans sa cabane
 Avec une inflammation,
Qui ne céda qu'à six mois de tisane.
 Plus heureux, son jeune écuyer
Cherchant comme Chandos a franchir la barrière,
Comme lui s'abattit au bord de la carrière;
Et, grâce à ce faux pas, esquiva le bourbier.

CHARME.

D'historiette en historiette, et de relais en relais, nous arrivâmes à Charme, petite ville qui doit son nom à l'agrément de sa position à mi-côte. Elle m'a paru très-riante; c'est la résidence de ce juif qui, avec sa grosse et dormeuse moitié, nous a empestés dans la diligence de Metz à Nancy. Charme perdrait bientôt son nom, s'il n'avait que des habitans de cette sorte.

Notre dessein était de séjourner à Épinal, pour voir un financier de notre connaissance, et son jardin qui est une merveille des Vosges.

ÉPINAL.

Nous fîmes notre entrée à midi dans cette ville que la Moselle se plaît à enlacer. Si la distribution de ses rues et la forme de ses habitations répondaient à l'emplacement, ce serait un des plus agréables séjours du royaume. Vous avez de l'eau, des rochers, des plaines, des forêts, des prairies, de l'âpreté, de la grâce, enfin les grands contrastes qui font la vie des paysages et la pâture des peintres, des poètes, des amans, des dévots, de tout ce qui porte une âme susceptible de s'exalter, de s'épanouir, de rêver, de s'extasier. Ces divers aspects se réunissent dans le jardin que nous voulions visiter, qui offre de plus une belle ruine, reste des piliers du pont-levis d'une ancienne citadelle.

Cette ruine, qui rappelle la destruction dont elle a été l'arsenal et dont elle est la victime, s'élève entre trois fabriques qui donnent des idées bien différentes. L'une est une laiterie, l'autre un salon de musique, la troisième une serre chaude; ce que j'ai vu de plus curieux dans cette serre, c'est un héliotrope arbuste qui, palissé, couvre environ six pieds de muraille. Il s'en faut de beaucoup que ce jardin soit, comme ailleurs, de plain-pied avec le rez-de-chaussée de la maison. Un pavillon chinois à triple et quadruple étage est l'étui du chemin qui y mène comme à une tour.

Plus solide, plus verd, plus élevé que les jardins de Sémiramis, ce ne sont point des amas de colonnes, des murs épais qui soutiennent celui-ci; il est assis sur une montagne. Dieu seul a été l'architecte de ses fondemens. Ce jardin est ouvert aux étrangers. Il attirerait un aussi grand concours et aurait autant de renommée que Bagatelle, le Raincy, Trianon, s'il était près de Paris. L'art ne s'y montre pas autant, mais le type de la nature première y est mieux conservé et parle plus fortement à l'imagination. C'est un reste de ce géant nommé

Chaos, dont la nudité est couverte d'une draperie qui corrige la rudesse de ses formes sans en cacher la majesté.

Le propriétaire, après nous avoir fait gagner de l'appétit dans son élysée aérien, a voulu le satisfaire par un bon dîner. Ensuite réunion choisie sans prétention, jeu, causerie, musique de jeunes personnes essayant des romances et des nocturnes sur le piano. Le son de voix d'une jeune fille m'a toujours ému, et l'âge n'a point encore desséché en moi les fibres que ce son affecte. Si je n'ai point le génie d'Anacréon, je ne pense pas qu'il y ait de la fatuité à dire que j'ai quelque chose de son tempérament ; ma jeunesse est plutôt effacée de mon corps que de mon âme : c'est une amande encore fraîche dans un noyau passé.

En écoutant ce petit concert, je songeais au charme que répand dans les sociétés la présence des jeunes personnes, comme les oiseaux dans les bosquets, les fleurs dans les jardins. Je me disais :

> Vierges ! le créateur se plut à vous former
>   Du limon pur dont il pétrit les anges ;
> Il fit vos voix pour chanter ses louanges,
>   Et vos traits pour le faire aimer.
> Quand vous placez son nom dans les cantiques,
> Vous portez l'homme à le mieux adorer.
> On sent mieux ses bienfaits par l'espoir d'aspirer
> A la possession de vos charmes pudiques.
> Qu'a-t-il fait qui promette aux qualités du cœur
>   Plus de bonheur, plus de délice ?

Quel plus beau prix à donner au vainqueur
Qui sauve sa vertu des attaques du vice !
  Tendres vierges, vous épurez
  Les passions les plus grossières ;
  Le respect que vous inspirez
Oppose à leurs écarts les plus douces barrières.
L'amour serait sans vous un appétit honteux,
Un besoin vagabond : vous en faites un culte.
  Et les sentimens généreux
Pénètrent à sa suite au cœur du jeune adulte.
Le superbe en esclave est transformé par vous ;
La colère brutale expire à vos genoux ;
Et par votre pudeur la luxure enchaînée,
Comme un pin résineux qui cède à la coignée,
Devient sous votre empire un combustible doux
Qui brule et se consume au foyer d'hyménée.

M. Laurent, peintre connu par des tableaux pleins de grâce anacréontique, habite Épinal, où sa femme est née. On va créer pour lui une école de peinture et un musée dont il sera le directeur. Il était difficile d'offrir aux paysagistes un lieu plus favorable à leurs inspirations. M. Laurent a bien voulu nous ouvrir son atelier : il n'y reste que peu de tableaux, parce que les amateurs les lui enlèvent à mesure qu'ils sortent de ses chevalets ; on croit être chez Miéris. Il a un portrait de Laure qui fait de ceux qui le voient autant de Pétrarques.

Nous avons conquis chez M. Laurent un quatrième compagnon de voyage jusqu'à Plombières : c'est son fils. Il allait y retrouver ses plaisirs et ses pinceaux. Le bal et son atelier le réclamaient. Il saute, il joue la comédie à Plombières; il se repose, il peint dans la ferme du père Vincent, qui en est à une demi-lieue.

La pluie ne nous a presque point quittés d'Épinal à Plombières. Obligés d'opposer à ses humides coups de fouet les rideaux de cuir de notre calèche, ce n'est que par les petits verres de lunettes enchassés dans ces rideaux que nous avons pu apercevoir la campagne.

Tantôt la route est prise sur la hanche d'une montagne, tantôt elle passe sur sa tête aplatie, tantôt sur une jetée qui lie un rocher à son voisin. Dans cette file de géans de pierres, les tailles sont inégales comme parmi les animaux. La route est une ligne qui corrige et accorde le mieux possible ces inégalités, pour faciliter la marche des fourmis qu'on appelle hommes.

PLOMBIÈRES.

Nous voici sur les hauteurs de Plombières. Cette ville paraît comme un point noir au fond d'un abîme. D'où vient la fumée qui a noirci les toits? Sort-elle de quelques soupiraux de l'enfer? ce lieu a l'air d'en être le faubourg. Cependant la pluie cesse, et pour faire une entrée décente dans ce pays souterrain, notre calèche perd sa forme de corbillard, les rideaux se replient, les voyageurs se montrent, afin qu'on voie qu'ils sont autre chose que des morts. Le postillon ôte la blouse qui cache ses décorations, le fouet claque, la voiture roule avec fracas, on se met aux portes pour regarder les seigneurs qui font tant de bruit. Nous arrivons au tournant qui forme l'entrée du bourg. Un nuage crève : il semble que ce soit toutes les baignoires du ciel qui se vident sur celles de Plombières, et qu'elles soient jalouses de nous donner les premiers bains. Nous descendons, trempés comme sortant de la piscine, à la maison où ta fille nous reçoit. Je mouille ses joues en y collant les miennes, nous nous essuyons pour recommencer plus à sec ; et puis de rire dans l'arche du déluge dont elle nous abrite.

Il fallut s'approprier.
Une attentive soubrette
Me conduit dans un grenier,
Où m'attend une couchette
Que la main du plumassier
Eût pu rendre plus mollette.
Je procède à ma toilette ;
Te la décrirai-je ou non ?
Où trouver sur ma palette
Des couleurs d'assez bon ton
Pour que le goût les admette
Dans un tableau si bouffon ?
N'importe ! la rime en ON
Avec sa complice en ETTE
Fera passer le chausson
Qui se tient sous la chaussette,
Comme, sans comparaison,
Se tapit sous le gazon
La modeste violette.

Une bottine grisette
Dessine mon pied mignon,
Et va sous le pantalon
Cacher sa double oreillette.
Après une ablution,
Comme en prescrit le prophète
Qui des Turcs est le patron,
Une tunique discrète,
De son tissu de coton,
Vient baiser ma peau douillette.
Le rasoir, la savonnette
Ont adouci mon menton.
Enfin, la besogne faite,
Je reparais au salon
Avec la figure nette;
Et, Lovelace en goguette,
Quoique approchant du barbon,
Tout prêt à conter fleurette
Aux Clarices du canton.

J'ai en effet trouvé à notre table d'hôte une Clarice bien digne du pinceau de Richardson. L'Angleterre n'a pas fourni à ce grand peintre une figure plus douce ni plus expressive, une beauté plus régulière, ni une vertu qui, par la difficulté de la vaincre, piquât davantage l'ambition d'un libertin.

Elle compte vingt ans, on la nomme Émilie.
Quoique innocente et calme, il jaillit d'elle un feu
Qui réchauffe des sens la cendre refroidie.
De l'étincelle atteint, j'aurais voulu que Dieu
M'eût fait trente ans plus tard arriver à la vie.
    L'adorateur de la beauté,

S'il n'est plus jeune, est ridicule.
Et quel encens offrir, s'il paraît éventé
A celle pour qui l'on le brûle?
Pour consoler mon cœur humilié,
D'un rajeunissement je rêvais le mensonge.
Plombières ! me suis-je écrié,
Deviens Jouvence, et de la tête au pié
Dans tes bains brulans je me plonge,
Dussé-je être cuit, ou noyé !

J'ai tâté de ces eaux : elles m'ont laissé avec mon âge. Je me comparais à leur source, et je leur disais : Vous brûlez dans un foyer souterrain dont la surface épaisse ne transmet aucune chaleur, ainsi mon âme brûle sous une enveloppe qui n'échauffe personne.

BASSINS.

Les bains de Plombières sont misérables. Ils se divisent en cinq bassins étouffés sous des bâtisses grossières ; le bain qu'on dit des Dames est le plus laid, quand, pour justifier sa dénomination, il devrait être le plus beau. Il ne recevait autrefois que les chanoinesses de Remiremont qui étaient dames du lieu, conjointement avec les moines d'Hérival qui en étaient seigneurs. Je ne sais s'il y avait entre ces dames et ces moines autre chose de commun que cette souveraineté, le voisinage pouvait faciliter des relations qui justifiassent, par d'autres règles que le code, une communauté de biens.

Le second bain est celui des pauvres, apparemment parce qu'il est en plein air et ouvert à tout venant ; mais personne ne s'y baigne. D'ailleurs, placé immédiatement sous le robinet de la source, il serait trop chaud, et ses eaux pourraient se changer en bouillon par la cuisson des baigneurs ; nul ne se soucie d'opérer cette métamorphose. Si le changement se faisait en vin, passe ; mais en bouillon ! néant. Il est plus gai d'être mis en bouteille que dans une soupière.

- Ce bassin des pauvres se décharge, refroidi un peu par l'air extérieur, dans un autre bassin couvert et entouré de cabinets pour les douches. Ces cabinets ignobles ressemblent aux loges de la Ménagerie et de Bicêtre. Outre les douches tombantes, une invention nouvelle en a créé d'ascendantes. Rien de plus audacieux que leur jet ; il va, pour ainsi dire, jusque dans les sommités du cerveau attaquer les humeurs hétérogènes qui ont usurpé ces hautes loges, et les fait redescendre plus bas qu'elles ne se sont élevées : semblable au faucon, qui s'élance à la plus grande hauteur pour rapporter à son maître la proie que le plomb n'aurait pu atteindre.

Cette invention, dit un mauvais plaisant, va faire baisser le tarif des patentes d'apothicaires.

Le quatrième bassin, appelé *tempéré*, quoique l'eau y soit encore à plus de 40 degrés, est, si l'on peut s'exprimer ainsi, la chambre des communes des baigneurs : c'est là qu'on fait le plus de bruit, et que les conditions sont le plus confondues. Les uns sont pêle-mêle dans le bassin du centre, les autres dans des baignoires de bois rangées autour de ce bassin comme des balcons au-dessus d'un parterre. Derrière ces balcons sont des cabinets qu'on pourrait appeler loges grillées, où se cantonnent ceux qui ne veulent pas de témoins de leurs ablutions. Chacune de ces loges pudiques ne contient qu'un spectateur ; on peut voir et entendre de là, à travers un guichet, ce qui se passe et se dit sur la scène aquatique, où les acteurs, confusément assis, ont de l'eau jusqu'au cou. *Confusément* n'est pas tout-à-fait le mot, car on prétend que cette confusion n'est qu'apparente, et qu'elle cache entre les personnages en scène un assortiment qui n'a rien de fortuit.

Si l'eau de Plombières sort innocente de sa source, elle ne sort pas de même des réservoirs où elle passe, semblable à l'homme qui ne sort pas du monde aussi pur qu'il y entre.

>   Les voiles, dit-on, de cette eau,
> Comme ceux de la nuit, aux voleurs sont propices ;
>   Car, en dépit du long manteau
> Qui renferme le corps comme dans un fourreau,
> De téméraires mains et les pieds leurs complices,
> Dans cet épais tissu cherchant des interstices,
> Savent y découvrir de perfides chemins,
>   Qui favorisent cent larcins
>   Que les acteurs font aux actrices,
> Sans que jusqu'à ce jour les coupables auteurs
>   De ces félonnes entreprises
>   Eussent été comme voleurs
>   Traduits devant les cours d'assises.

Le cinquième bassin s'appelle le Bain Royal. Il est neuf et plus décent que les autres, mais l'humidité fait tomber le plâtre des plafonds. Ce n'est pas de plâtre, c'est de marbre que ces thermes devraient être revêtus. Il faudrait aussi le creuser en cuves pour les baignoires. Le granit abonde dans les Vosges, il y en a de précieux; pourquoi en être si économe dans les monumens publics élevés au milieu des carrières qui le fournissent? Une salle de bains est dans un appartement la partie la plus élégante, la plus soignée. Les Thermes devraient tenir la même place dans l'ordre des édifices nationaux. Nous avons des hôpitaux somptueux; pourquoi les bains, qui ne sont que des hôpitaux d'un autre genre, sont-ils si mesquins? Ce ne serait pas un luxe mal placé que celui qui serait consacré à la santé des hommes. Esculape n'a-t-il pas eu ses temples comme les autres dieux?

Quand on parcourt la vallée où Plombières, vu du haut de la côte, paraît enterré, on est bien détrompé de la triste idée qu'on en a prise. Le bourg a une fort jolie rue garnie de maisons à balcons chargés de locataires, qui sont en commerce de salutations et d'entretiens, soit avec leurs voisins de face ou de côté, soit avec les passans. Cette rue animée doit, comme Londres et beaucoup d'autres villes, une de ses décorations à un incendie. C'est un portique élevé par Stanislas. On s'y promène dans le mauvais temps comme sous les galeries du Palais-Royal.

Les bains réunissent tous les états, apprivoisent toutes les vanités. Le mal qui y conduit est un terrible niveau d'égalité. Comment distinguer dans l'eau le noble et le roturier, le Crésus et le simple bourgeois ? On se souvient dans la rue des familiarités du bain, chacun se sourit, se salue, s'accoste; les tables d'hôte achèvent le nivellement des rangs; et il résulte de cette absence d'étiquette, jointe au besoin des distractions, une société aisée qu'on regrette, quand la fin de la saison la fait cesser.

LA FILERIE.

A chacune des deux extrémités de Plombières se trouve une promenade plantée avec soin; mais les plus aimables sont celles où l'art n'a rien fait. Je ne connais rien de plus enchanteur que le chemin de *la Filerie*, nom d'une usine où la force de l'eau, communiquée à des pressoirs, leur donne la puissance d'aplatir, d'amincir des barres de fer au point de les réduire en fil. Combien il y a dans ce monde de barres de fer qui auraient besoin de trouver de pareilles pinces pour devenir souples! Que de préjugés, que d'ambitions qui, faute de ces pinces, sont et resteront barres de fer brut, jusqu'à ce que la rouille en ait fait raison !

Un autre chemin parallèle, séparé du premier par une pelouse qui forme une île entre deux ruisseaux d'eau courante, mène à la fontaine Stanislas, à plus d'une lieue de Plombières.

Ces deux chemins, aussi doux qu'une allée des Tuileries, courent entre deux montagnes, tantôt vêtues comme les prairies et les forêts, tantôt nues comme la roche, tantôt hérissées par des éboulemens de cailloux de toutes grosseurs, qui attendent pour se lier la première couche de mousse végétale. L'image de la plus complète fertilité se présente à côté de la stérilité la plus absolue; ces contrastes sont frappans pour des yeux aussi peu accoutumés que les miens à les voir.

La vallée de Plombières l'emporte sur celle de Tigeau, qui m'a tant plu dans notre voyage à Crécy. Elle est plus imposante, plus variée, plus chaude, plus fraîche, plus sèche, plus arrosée. J'ai vu l'eau dégoutter en franges des terrassemens qui forment la lisière des chemins. Elle tombe en murmurant dans des rigoles qui la conduisent aux ruisseaux, sans endommager les sentiers où l'on marche. Cette eau en mouvement tient compagnie aux promeneurs solitaires.

On vante les jardins anglais faits à grands frais. Vous en trouvez sans nombre autour de Plombières; quels jardins! Ce n'est pas la main de Kent qui les a dessinés, c'est un bien autre architecte! c'est celui à qui il n'a coûté qu'un signe pour faire jaillir les Alpes et creuser les mers.

LE DÉSERT.

Un lieu sauvage et silencieux s'étend à la gauche

de la promenade des Dames, sur le revers incliné de la route de Remiremont. Il se nomme le *Désert*. Je l'ai parcouru. Un sentier pratiqué sur le bord d'un torrent m'a conduit sous des voûtes d'ombrages inaccessibles au soleil. Vous n'entendez là que les flots qui se brisent sur les pierres, et les oiseaux cachés dans les feuilles. A Dieu ne plaise que je dénigre le désert d'Ermenonville! mais ce n'est qu'une belle copie qu'on ne peut comparer à un inimitable original.

> Ce lieu pourtant que l'on dit solitaire,
> Malgré son nom, est assez fréquenté.
> Là quelquefois, dans les beaux jours d'été,
> Ceux pour lesquels le bain fut salutaire
> Vont deux à deux essayer leur santé.
> Si ces essais demandent du mystère,
> Du frais, de l'ombre, un gazon velouté,
>   Aucun endroit, en vérité,
>   N'est plus commode pour les faire.

LA FEUILLÉE.

Ta fille, à qui sa complaisance pour moi a donné des jambes de biche, m'a accompagné, avec son mari et sa belle-sœur, à la Feuillée. C'est une petite esplanade à une lieue de Plombières, d'où l'on découvre le Val-d'Ajou, plaine beaucoup moins large que longue, coupée par une rivière, par plusieurs ruisseaux et par la plus aimable diversité de culture. Ces ruisseaux tiennent lieu de murs pour clore les propriétés et de puits pour les arroser.

C'est de ce fertile vallon
Que sortit l'utile famille
Qui de ce lieu porte le nom,
Et de qui l'art, plus sûr qu'une béquille,
Remet sur pied les gens faibles ou forts,
Qui dans la charpente du corps
Se sont cassé quelque cheville.
Pour rajuster les jambes et les bras,
Bons rebouteurs, vos mains sont toujours prêtes.
Que n'avez-vous, dans ces temps de débats
Où maints esprits font maints faux-pas,
La même adresse à rajuster les têtes !

Un riche Espagnol est venu depuis peu faire dans le Val-d'Ajou une enquête de sa fille, enlevée par un soldat des Vosges dans le sac de je ne sais quelle ville. Cette jeune personne était, disait-on, devenue la femme du paysan qui avait protégé sa vertu. Elle échangea ses espérances de richesses contre la pauvreté de son libérateur; l'Espagnol a eu le chagrin de partir sans avoir découvert cet obscur ménage.

Le seigneur de la Feuillée est un sabotier, et son château une cabane, mais mieux bâtie que celles des villages picards, où les paysans, tout riches qu'ils sont, s'enterrent avec leur trésor, comme les abeilles, sous des huttes de boue et de paille; les hirondelles sont mieux logées.

LA FERME DU PÈRE VINCENT.

J'ai fait ce matin, avec ton gendre, une visite à laquelle les baigneurs d'ici ne manquent guères

Nous sommes allés à la maison du père Vincent, perchée à mi-côte de la colline qui borde le désert.

Un ermite qui n'aurait pas voulu attrister autant sa sanctification que les pères de la Thébaïde, eût choisi ce lieu pour bâtir sa chapelle. Le père Vincent, cultivateur, y a placé sa ferme. Son manoir personnel est loué à M. Laurent fils, qui en a fait son atelier. Nous y avons vu l'esquisse de plusieurs paysages; l'un d'eux représente les environs de l'habitation du peintre. La mère Vincent s'émerveillait de voir son domaine transporté sur la toile : elle faisait remarquer du doigt la fontaine qui sort d'un poteau, et tombe dans une auge de pierre, d'où le trop plein va remplir des rigoles, pour abreuver le pré qui tapisse le flanc du coteau.

Ne va pas, si tu vois jamais le père Vincent, lui demander du raisin de ses treilles; sa femme nous a dit qu'elle n'en avait mangé de mûr que deux fois en quarante-huit ans, l'une en 1811, année de la comète, l'autre en 1822.

Le maître du logis n'est pas un homme ordinaire; c'est d'abord un dignitaire municipal de la commune du Val-d'Ajou, plus, bon fermier de son état, plus, musicien sans savoir la musique, plus, mécanicien. Il a inventé une espèce de téorbe, qu'on appelle *vincentine*. J'ai acheté, pour 3 francs, celle qui servait journellement à l'auteur pour charmer ses soirées. Il lui a suffi de voir, à Plombières, un piano, pour en faire deux avec son couteau. On ne dit pas qu'ils vaillent ceux d'Érard, mais on dit qu'il est étonnant qu'un pâtre ait autant d'adresse dans les mains et de discernement dans l'oreille. Il a fait une virtuose de la fille du sabotier de la Feuillée, qui va donner des leçons à Plombières, et que j'ai entendue chez son père, ou plutôt à sa porte, car c'est là son salon, sa salle de concert, sa salle à manger, sa galerie, et toutes les pièces d'assemblée et de représentation du seigneur de la Feuillée. Sa fille, éveillée comme on l'est quand on court le monde, est aussi habile qu'on peut l'être sur une vincentine, et sans avoir fréquenté d'autre conservatoire que la ferme du facteur.

Ce singulier facteur était absent pendant que nous étions chez lui. J'ai été fâché de ne pas le voir. La dernière chose que sa femme nous a montrée dans son Muséum est l'atelier de l'artiste.

 Sais-tu quel est cet atelier?
C'est un hangar servant de bergerie;
 C'est pour le fourrage un grenier,
 Pour les vaches une écurie,
 Et pour la boisson un cellier.
 Vous voyez près d'un ratelier,
Sur deux tréteaux, une table garnie
 Des lunettes de l'ouvrier,
 Et de l'assortiment grossier
 Des outils de son industrie.
 C'est là qu'au bruit des bêlemens
 Et de la vache qui rumine
 Il fabrique les instrumens
 Qui lui doivent leur origine.

Les ânes jouent un aussi grand rôle à Plombières que dans la forêt de Montmorency. Ce sont les compagnons habituels de promenade des dames. Vraiment, parmi ces cavalières, il y en a qui seraient faites pour inspirer à leur monture l'esprit et l'éloquence que Jeanne fit trouver à la sienne.

Je suis allé à moitié chemin de la fontaine Stanislas; elle n'est, dit-on, intéressante que par son nom. Ce nom, tout respectable qu'il est, ne m'a point paru suffisant pour me décider à achever la course.

Les ruisseaux qui affluent à Plombières pourraient servir à la multiplication des sangsues. Les truites prennent leur place. Les sangsues pourtant vaudraient mieux par le tems qui court. Ces lancettes animales, mises en vogue par nos nouveaux Sangrado, vont manquer en Europe, si l'industrie n'y met ordre, et ne crée des viviers de sangsues, comme les anciens en avaient de murènes. La gourmandise avait fait établir les uns; les spéculations devraient amener les autres.

Que fait le serpent aux mains d'Esculape? C'est avec des poignées de sangsues qu'il faut aujourd'hui le représenter.

Tout est de mode en France. Les sangsues seront moins long-temps en crédit que les eaux de Plombières, autre agent curatif créé par l'indulgence du bon Dieu, pour ne pas laisser les médecins à court, et leur procurer un régime à prescrire, quand ils ont épuisé tous les autres.

Il est temps, mon ami, de finir cette lettre éternelle. L'oisiveté rend prolixe. Il fut un temps où je croyais ne pas faire mes lettres assez courtes. J'avais alors quelque chose à dire. Aujourd'hui je n'ai que du babillage à faire.

Au surplus, si tu m'as suivi dans les sites que je t'ai décrits, tu pourras faire des comparaisons avec ceux de ta Provence. Tu verras si vos plaines valent les Vosges, si vous n'achetez pas trop cher votre beau ciel par la sécheresse de votre sol, et si la majesté de la mer et ses bruissemens égaient, émeuvent autant que la modestie et le murmure de nos ruisseaux.

Il est quatre heures, la salle à manger va s'ouvrir ;

Le dîné sonne, adieu. Je quitte enfin,
 Pour la table où je vais me mettre,
 Le secrétaire de sapin
 Où j'ai griffonné cette lettre.
Il est ici par Hygie ordonné,
Pour ne pas échauffer l'estomac des malades,
De leur servir des mets que je trouve un peu fades.
Mon appétit par eux n'est pas aiguillonné ;
Mais j'espère qu'assis vis-à-vis d'Émilie,
Il s'exhalera d'elle une odeur d'ambroisie,
 Pour assaisonner mon dîné.

A M. A***

Remiremont, 1er août 1823.

Le plus casanier des casaniers, mon ami, est devenu, depuis douze jours, plus grand coureur que vous; car dans vos ambulances quotidiennes pour dîner au nord, passer la soirée au midi, et revenir vous coucher à l'ouest, vous franchissez rarement les barrières de Paris; et moi j'en suis à cent lieues. Mon premier vol m'a porté d'un trait à Metz, de là j'ai été me percher à Nancy; je sors d'un nid de Plombières, et me voilà maintenant reposé à Remiremont. Mes ailes, quoique long-temps immobiles, ne sont point fatiguées; et avant de m'endormir sur ma branche, je vais gazouiller un moment avec vous.

LUXEUIL.

Je me suis acquitté à Luxeuil de la commission que je n'avais pu remplir à Nancy : j'ai fait vos complimens à l'ami affligé qui y prend les eaux.

Intéressant Orphée, il pleure une Eurydice;
« J'ai connu son malheur et sais le partager. »

Prompt à s'appesantir et lent à s'alléger,
Le coup qui, de l'hymen attaquant l'édifice,
En abat la moitié, cet effroyable coup
Meurtrit l'autre moitié qu'il laisse encor debout.
    J'ai senti cette meurtrissure,
    Et j'en traîne encor la douleur.
Votre ami m'a touché ; j'ai bien vu que son cœur
    Saignait de la même blessure.
    Pour adoucir ou supporter ses maux,
Il appelle à Luxeuil Esculape à son aide ;
    Il s'adresse en vain à ses eaux.
    Ce n'est que du fond des tombeaux
    Que pourrait sortir son remède.
    Mais dans ces lieux, pour le guérir,
    Le Ciel fléchi par sa prière
    Enverra-t-il le rayon de lumière
    Qui ranima la fille de Jaïr ?
Si ce miracle, ô Dieu ! pouvait encor se faire,
    J'aurais vers toi les bras tendus ;
Et je t'invoquerais jusqu'à ce qu'il s'opère
Sur celle que j'appelle et qui ne m'entend plus.

Il n'y aurait en effet qu'une résurrection qui pourrait remettre votre ami dans l'état où il était avant la mort de sa femme. Un être veuf est un corps mutilé : on peut chercher à remplacer le membre perdu ; mais il y a toujours dans ce remplacement quelque chose d'artificiel qui ne s'ajuste pas bien.

Les bains de Luxeuil, établis au milieu d'un jardin assez vaste, fermé de grilles scellées dans des colonnes carrées, ont l'air d'un édifice. Ils accusent moins que ceux de Plombières la parcimonie du gouvernement; cependant l'intérieur laisse à désirer. La tonnellerie joue encore un trop grand rôle dans la fabrication des cuves, et le plâtre dans le revêtement des murs.

Il y avait à Luxeuil une riche abbaye de bénédictins. Le manoir des moines est transformé en séminaire, le cloître en marché, l'église en paroisse, et la maison abbatiale en bureaux, en casino et en salle de bal.

La boiserie du chœur de l'église est remarquable par des sculptures en bois qui représentent divers saints dans des attitudes de bon goût.

Le buffet d'orgues est appuyé sur une vaste console de bois, non moins habilement sculptée, et soutenue par des espèces de cariatides savamment posées dans des nuages.

Le cardinal Geofroi, qui italianisa son nom par celui de *Jefride*, et fut, sous Louis XI, abbé de cette abbaye, était né à Luxeuil. On montre encore les restes de son palais. Le balcon fléchissait, on l'a soutenu par quatre colonnes, empruntées je ne sais où. Ce palais n'est plus qu'une maison assez mesquine de particulier.

Le plus agréable moment que j'aie passé à Luxeuil est le déjeûné, non à cause des mets, dont je fais peu de cas, mais à cause des mains qui les posaient sur la table, et par qui ils avaient été apprêtés.

Ce n'étaient pas des mains faites pour la cuisine;
Celles qui les portaient avaient de jolis yeux,

Bien encadrés dans une fraîche mine,
Et surmontés de blonds cheveux
Qui descendaient en anneaux onduleux
Sur une oreille purpurine;
Bouche dont la couleur fait tort à l'incarnat
De ce fruit globuleux, transparent, délicat,
Dont Fougerole extrait sa liqueur cristalline;
Taille légère, jambe fine.
Devant tant d'appas réunis
La raison de Socrate aurait couru des risques;
La mienne n'y tint pas; et je me crus assis
A quelque banquet turc entouré d'odalisques.

Ces odalisques, au nombre de quatre, étaient les filles de l'aubergiste. Il paraît qu'elles ont de la réputation à Luxeuil, et que, quand on sait qu'elles doivent se baigner, le bassin est fréquenté par beaucoup d'amateurs.

J'avais entendu parler d'elles à quelques anciens Actéons que la colère de ces Dianes n'avaient pas changés en cerfs, ni fait dévorer par leurs chiens. Ils usaient de la forme et de la vie qu'elles leur avaient laissées pour rendre hommage à leurs charmes, bien fâchés de ne pouvoir faire que cela.

Un médecin distingué de Nancy, chevalier de l'ordre de Saint-Michel, qui a voyagé dans les Antilles, aux États-Unis et en Italie, a bien voulu me guider dans Luxeuil. Il a les eaux thermales sous sa juridiction; et j'avais l'agrément de faire avec lui un cours de médecine, de géographie, d'histoire et de physique, tout en faisant connaissance avec le pays. Ainsi je prenais de l'instruction par les oreilles et par les yeux. On ne saurait ouvrir trop de voies à l'introduction d'une pareille substance.

FOUGEROLES.

Après une demi-journée passée à Luxeuil, et c'est assez pour en voir les curiosités principales, nous avons repris le chemin de Plombières. Le premier village qu'on rencontre sur cette route s'annonce par une odeur de kirchenwasser. C'est là que le Bacchus des cerises a ses celliers. On faisait ses vendanges. Le kirchenwasser ancien était déplacé pour faire place au nouveau. De là ces émanations spiritueuses qui s'échappaient du village. Il passe pour être aussi riche que certains vignobles de Bourgogne et de Champagne. On prétend que les cerises de Fougeroles l'emportent sur celles de la forêt Noire, et que c'est faire une injure gratuite au kirchenwasser français que de le mettre au-dessous du kirchenwasser allemand.

RETOUR A PLOMBIÈRES.

Il y a six lieues de Luxeuil à Plombières. Partis du premier point à trois heures, il n'en était pas six quand nous sommes arrivés au second. Le lendemain, ma nièce Mélanie, que j'étais venu chercher aux eaux, est partie avec son mari. Il baguenaudait à Nancy, séparé de sa femme, et eut ordre d'aller la reprendre et de la ramener au gîte. L'individu qui lui donna cet ordre, ne connaît pourtant guère l'usage de la langue. Un matin ce personnage accoutumé à la compagnie de deux commensaux, et ennuyé de n'en plus voir qu'un, s'imagine d'emprunter la voix qu'Ésope et La Fontaine ont donnée aux bêtes et à quelques objets inanimés. Le nouveau parleur qui apostropha mon neveu, était, s'il faut vous le dire, son lit. Voici l'algarade qu'il s'avisa de lui monter à son réveil :

Jusqu'à quand, s'il vous plaît, vous recevrai-je seul ?
Vous dormez dans mes draps comme dans un linceul.
Je ne puis maintenant, grâce à vos nuits muettes,
Mêler à vos soupirs le cri de mes roulettes.
Suis-je lit de chartreux ou bien lit conjugal ?
De ma charge, monsieur, me suis-je acquitté mal ?
Et cependant madame, au mépris de mon zèle,
Va chercher à Plombière une couche nouvelle !
Les bains de ce pays, en cuves de sapin,
De sa fraîche épiderme humectent le satin ;
Si j'en crois un sot bruit, elle espère en leur onde
Trouver une vertu qui la rendra féconde ;
Mais cette vertu-là, je puis, sans me vanter,
Je puis à tous les bains, monsieur, la disputer.
Mon honneur est blessé, je ne saurais le feindre ;
Pardonnez à la voix que je prends pour m'en plaindre ;
Si vous avez sur moi passé de doux momens,
Si je fus bien docile à tous vos mouvemens,
Au nom des tendres jeux dont je fus le théâtre,
Du corps qui m'a pressé ramenez-moi l'albâtre.
Je meurs d'ennui : partez, allez, pour me venger,
Inviter dans son bain madame à déloger ;
Qu'elle me soit rendue, et, vous pouvez m'en croire,

J'aurai dans peu, j'aurai l'honneur de lui prouver
Que l'objet qu'elle cherche est plus sûr à trouver
Dans un lit tel que moi qu'au fond d'une baignoire.

Quoique ce lit ne fût pas, pour son coup d'essai, grand orateur, mon neveu n'en avait pas encore entendu qui parlât si bien. *Vox populi, vox dei*, dit-on en politique. On peut dire en langage matrimonial : *Vox cubilis, vox dei*. Cette voix a été mieux entendue par mon neveu que les gouvernemens n'entendent l'autre. Il est allé où elle l'envoyait : nous verrons si l'obéissance aura le résultat promis.

J'ai quitté Plombières le lendemain du départ de la personne que j'étais venu y voir. Enfourné dans les Vosges, je ne pouvais plus en sortir que par Remiremont, pour entrer en Alsace. C'est donc cette route que j'ai prise dans une calèche de louage, accrochée au derrière d'une rosse.

HÉRIVAL.

On m'avait recommandé de voir, en me détournant un peu, un site renommé qu'on appelle Hérival, à deux lieues de Plombières. C'est une vallée au centre d'une noire forêt de sapins, impraticable à la calèche. Mon cocher, obligé de garder cette cariole, sa rossinante et mon bagage, me déposant à l'entrée du chemin, me dit : Allez, Monsieur, vous ne pouvez pas vous perdre, si vous ne changez pas de route. En effet, je suis la voie frayée, et de butte en butte, de ravin en ravin, après une heure de marche, sous un ombrage ténébreux, j'arrive à un éclairci d'où je découvre les premiers toits d'Hérival.

Je gagne le sentier de la vallée hérissée de pierres et hachée par des ruisseaux de sources que la pluie a grossis. Le plus beau soleil m'éclairait; et malgré la dureté des cailloux qui roulaient sous mes pieds et les faisaient glisser dans la boue, il me semblait, au sortir de ma lugubre forêt, être dans une région de féerie.

Je longe des murs qui, par leur solidité, m'annoncent la clôture d'une belle ferme, et qui se terminent à un manoir dont l'élévation, dans un endroit aussi peu accessible aux matériaux, suppose des dépenses au-dessus de la fortune d'un fermier des Vosges.

Ce manoir a pour entrée un porche bien plus étranger encore à une fortune rurale. Il est orné de deux colonnes doriques, qui supportent un entablement dont les profils ne sont pas sans élégance; les proportions m'ont paru observées avec une justesse, une harmonie, qui ne sent pas la main d'un architecte de campagne.

A côté de ce monument, une petite porte bâtarde, non moins bien ajustée, ferme un reste d'enclos où il existe encore un bassin de pierre qui a dû être autrefois celui d'un jet d'eau et qui n'est plus que trou à fumier. Quelle déchéance!

Ainsi j'ai vu du temps de la première réquisition de jeunes élégans, d'agréables artistes, des gentils-hommes, sous le sarrau de soldat et la blouse de charretier.

J'étais surpris de rencontrer ces restes d'opulence dans une vallée aussi solitaire et aussi pauvre que celle d'Hérival. Je ne trouvais personne qui pût m'éclairer; j'ai poursuivi mon chemin jusqu'à une scierie que les eaux d'un étang font mouvoir, et où je devais trouver un guide pour aller visiter une fontaine glacée, qu'on cite à Plombières comme un phénomène, sans doute à cause de son contraste avec les eaux chaudes du lieu.

J'ai trouvé ce guide, et j'ai vu cette fontaine. C'est une cavité triangulaire sous la pointe d'un roc. On y enfonce le bras et on en retire des glaçons mêlés de terre. J'en ai tenu un ce matin dans ma main. Combien n'en tient-on pas dans les cafés de Paris, sans les aller chercher si loin, et sans en être aussi étonné? La mousse qui couvre la roche où gît cette fontaine est d'une humidité froide qui ressemble à de la neige fondue; on grimpe aussi péniblement pour y arriver que pour monter à l'Hippocrène. C'est un Parnasse glacial dont le chemin n'est pas moins rude que celui du Parnasse échauffé par le Dieu du jour.

> Cela prouve que le métier
> De marteler des vers sans verve,
> Est aussi dur pour l'ouvrier
> Que celui d'en polir inspirés par Minerve.

Car le marteau qui bat un fer grossier
Fatigue autant le bras qui le manie,
Que la lime qui mord et façonne l'acier
Sorti des forges du génie.

Par exemple, je suis sûr que Chapelain suait à fabriquer ses rudes vers, autant que Boileau et Racine à rendre les leurs coulans.

Je me suis délassé de mon ascension à la fontaine par une station dans l'atelier de mon guide. Il m'a donné pour divertissement le spectacle de la machine en mouvement. Il est effrayant de voir une grande scie aux grandes dents s'avancer, se démener de haut en bas dans le cœur d'un pauvre arbre étendu comme une victime devant cette ogresse de fer, et poussé par une force implacable contre le terrible ratelier qui s'enfonce sans cesse, jusqu'à ce qu'il ne trouve plus rien à mordre.

Les abus qui rongent un état ressemblent aux dents de cette scie, et l'état au malheureux arbre qu'elle dépèce.

Mon scieur, dans le dénuement de distraction qu'offrait son pays, crut que pour fêter un étranger il n'avait rien de mieux à faire que de lui montrer comment on coupait un sapin en planches; ainsi Pierre-le-Grand, pour amuser des ambassadeurs, leur fit voir sa dextérité à faire voler les têtes de quelques Strélitz : chacun divertit son monde selon ses moyens.

Les Romains, avec leurs gladiateurs, n'avaient

pas plus de délicatesse ni d'humanité dans leurs spectacles que Pierre-le-Grand; et les Espagnols, avec leurs combats du taureau, ne montrent guère plus de civilisation.

Ces réflexions historiques m'ont fait perdre, en m'en retournant, la trace du chemin par où j'étais venu. Je m'égare, je bats deux heures les sentiers sombres et pierreux de la forêt, je désespère de me retrouver, quand je rencontre par hasard un pauvre vieillard de Remiremont, qui veut bien me servir d'Ariane dans ce labyrinthe, et qui, après une troisième heure de marche, me remet suant et harassé aux mains de mon phaéton, inquiet de ma longue absence.

Mon libérateur n'a pas eu seulement le mérite de me guider : il m'a instruit. Patriarche octogénaire du canton, il en sait l'histoire ancienne et moderne.

Ce vieux bonhomme est un bouquin vivant.
Si je l'en crois, le débris imposant
Qui d'Hérival enrichit la vallée
De saint Benoît fut jadis un couvent;
Et la vaste forêt, de noirs sapins peuplée,
Ainsi que les maisons, les champs, les prés voisins,
Formaient deux riches patrimoines,
Dont l'un appartenait aux moines,
Et l'autre à de nobles nonnains
Portant l'aumusse des chanoines.
Ces saintes et ces saints, chacun de son côté,
Pour méditer et se distraire,
Sous les taillis promenaient en été

Leur virginité solitaire.
Quand celle d'un bénédictin
Rencontrait une camarade
Dans un chanoine féminin,
Commune alors était la promenade.
Mais, au dire des gens qui drapent leur prochain,
Ce couple de vertus, guetté par le Malin
Qui leur dressait mainte embuscade,
Bronchait beaucoup sur le chemin,
Et s'il ne tombait pas, revenait bien malade.

Mon bonhomme, avant d'être dégénéré en mendiant, était charpentier. Il se plaignait de n'avoir pas de maison, après en avoir tant bâti pour les autres.

Il citait Job sans l'imiter, et disait que, n'ayant à expier aucun des plaisirs de la mollesse, il méritait à la fin de sa vie un lit meilleur que du fumier.

Thésée, pour récompenser Ariane, l'enleva. J'ai laissé mon libérateur à sa famille, et j'ai été quitte avec lui pour vingt sols. Sorti joyeux du bois où je me croyais enterré, je me suis élancé sur mon char, comme si j'allais fournir une course à Olympie; mais je n'allais qu'à Remiremont, où je suis arrivé à trois heures.

REMIREMONT.

Je loge dans une rue à portiques surbaissés; c'est un vieux genre local de construction dont j'ai vu le premier échantillon à Metz, le second à Pont-à-

Mousson, le troisième à Luxeuil. Ces portiques tiennent le milieu entre ceux de la place Royale de Paris et les piliers des halles.

Remiremont est arrosé par de nombreuses fontaines comme la plupart des villes et villages que j'ai traversés depuis Metz. La fille de mon aubergiste est la meilleure enseigne de l'auberge, comme le fut sans doute pour son cabaret la pucelle de Vaucouleurs.

> Sans avoir, comme Jeanne, une âme de dragon,
> Sans enfourcher, comme elle, un cheval d'escadron,
>   Ceindre le sabre, endosser la cuirasse,
>   Elle est d'étoffe à mettre à la raison
>   La sagesse la plus tenace.
>   Si les victoires sur les cœurs
>   Illustraient autant leurs auteurs
>   Que les victoires à l'armée,
>   Remiremont, un jour, aurait la renommée
>   Que Jeanne donne à Vaucouleurs.

Quoique la belle en question fût ce qu'il y avait de plus curieux à Remiremont, elle ne m'a pas fait oublier que l'église des anciennes chanoinesses était un monument digne de la visite d'un étranger : c'est maintenant la paroisse du lieu. Le chœur est revêtu de stuc, et orné d'un grand nombre de colonnes qui ne m'ont point frappé par la régularité de leur forme et l'harmonie de leur accouplement.

Les abbesses de Remiremont étaient princesses. Boufflers fut député vers l'une d'elles pour la demander en mariage. Il a rendu compte de cette ambassade dans une chanson fort drôle. On y voit ces couplets que lui seul trouvait :

> « Avec une joue enflée,
> « Je débarque tout honteux ;
> « La princesse, boursoufflée,
> « Au lieu d'une en avait d'eux,
> « Et son altesse sauvage,
> « A paru trouver mauvais
> « Que j'eusse, sur mon visage,
> « La moitié de ses attraits. »

Il rappelle avec la même originalité la harangue qu'il lui fit.

> « Princesse, le roi, mon maître,
> « Pour ambassadeur m'a pris ;
> « Je viens vous faire connaître
> « Que de vous il est épris :
> « Et, fussiez-vous sous le chaume,
> « Il donnerait, m'a-t-il dit,
> « La moitié de son royaume
> « Pour celle de votre lit. »

En sortant de l'église des chanoinesses, je suis entré dans la chapelle d'un hospice : elle est d'une propreté exquise, et digne d'être l'oratoire des pieuses filles que j'y ai vues, de ces anges terrestres qui vouent à la charité les charmes de leur sexe, et acquièrent auprès du lit des malades le droit de siéger autour du trône de Dieu.

Un de ces anges, ayant certainement plus de scrupules que de péchés, était agenouillée

Au tribunal discret
Où l'âme pénitente
Glisse par un guichet
L'aveu qui la tourmente,
Et, libre de ce poids,
Emporte l'espérance
Qu'il ne reviendra pas une seconde fois
Charger sa conscience.

J'ai fini mes courses par une promenade dans la campagne jusqu'à une papeterie; il y en a plusieurs dans les Vosges : c'est une branche d'industrie qu'appelait l'abondance des eaux, le plus puissant des moteurs.

Les fruits de cette branche ne manqueront pas de consommateurs. Quand en a-t-on plus dévoré? Les peuples, en vieillissant, deviennent-ils radoteurs comme les hommes? Que de parlage répandu sur le papier! quelle intempérance de babil fait mouvoir les presses et les doigts! Sèmera-t-on assez de chanvre? usera-t-on assez de linge pour donner de la pâture aux papeteries? Elles en viendront à disputer la charpie aux hôpitaux.

Qu'eussent fait les anciens avec leur papyrus, s'ils avaient autant paperassé que nous?

Le besoin leur aurait peut-être suggéré l'idée, survenue plus tard, de réduire le chiffon en pâte et de l'étendre en feuilles; mais ils nous auraient laissé trop de modèles d'écrits, et nous aurions moins de latitude pour être originaux.

Rentré chez moi, j'ai reçu des mains de la divinité du lieu un flambeau qu'un poète érotique pourrait transformer en torche de l'amour; ce n'a été pour moi qu'une chandelle; et c'est à sa lueur que je vous écris tout le griffonnage que vous venez de lire, si vous en avez eu la patience.

>Bonsoir ! cher coureur d'assemblées,
>Homme jeune en dépit du temps;
>Égayez la fin de vos ans
>Par des heures entremêlées
>De chansons et de mets friands.
>L'amabilité n'a point d'âge;
>C'est elle qui vous fit présent
>De l'air, de l'humeur, du langage
>Du bon abbé de Lattaignant,
>Et surtout du pied sautillant
>Dont vous savez bien faire usage.
>La vie est, dit-on, un voyage,
>Et vous le faites en dansant.

Dansez, mon cher, tandis que je vais me coucher; dansez, vous dis-je, je ne puis vous donner ce conseil plus à propos que dans une ville où, comme à Mirecourt, se fabriquent les violons dont s'approvisionnent tous les ménétriers de village. Si j'étais un personnage de distinction, j'entendrais peut-être ces instrumens jouer une sérénade sous ma fenêtre. Mais tous les archets dorment; j'en vais faire autant pour aller demain à Orbey, première commune du département dont la capitale attend votre serviteur et votre ami.

A MA FAMILLE,

A PARIS.

ARRIVÉE A COLMAR.

Colmar, 4 août 1823.

Rassemblez-vous, mes chers amis, pour apprendre en commun que le transfuge qui vous a quittés est au bout de ses caravanes, et qu'il arriva hier à Colmar à quatre heures et demie du soir.

Parti de Remiremont la veille, j'étais allé coucher à Cernay, petite ville manufacturière à sept ou huit lieues de Colmar. Mais, avant Cernay, j'ai vu d'autres lieux qui méritent une mention.

SAINT-MAURICE.

La bête qui me traînait, après une halte nocturne à Remiremont, en a fait une de jour à Saint-Maurice, pendant que je déjeûnais avec des truites en caisses et du vin clairet de Bar. J'étais au pied d'une montagne fameuse, nommée le Ballon. Je ne fus pas tenté d'aller au faîte, quoique je dusse, disait-on, y découvrir toutes les pompes de la nature. Si le diable eût été là pour m'y transporter, j'aurais pu lui céder, comme son maître a daigné le faire une fois; mais réduit à mes jambes, j'aimai mieux continuer ma route horizontale jusqu'à Orbey, où ma brouette devait me laisser pour rebrousser à Plombières.

Saint-Maurice est riche en eaux courantes, comme tous les villages des Vosges ; ces eaux ne gèlent pas plus qu'elles ne s'épuisent. Elles coulent des fontaines en toute saison.

J'ai ouï dire que, parmi les cailloux qui formaient le lit de la rivière de Saint-Maurice, il y avait beaucoup de porphyre. Pourquoi laisse-t-on ces pierres enfouies comme du grès? Renaissez, Égyptiens, qui avez fait un si grand emploi de cette riche matière dans vos monumens, et bâtissez une autre Thèbes à la place du village de Saint-Maurice.

BUSSANG.

Bussang était sur ma route ; je devais un tribut de dégustation à sa source minérale. Cette eau a un acide piquant qui donne au vin auquel on la mêle un peu de la sève champenoise. Il entre une dissolution de fer dans sa composition : cet amalgame de gaz vineux et de gaz ferrugineux dans l'eau de Bussang a fait imaginer à un poète *de l'endroit* la fable que je vais vous rimer :

Sais-tu, Bussang, pourquoi ta Naïade piquante
A comme le Champagne une onde pétillante?
Vulcain, près de sa grotte, avait, non un château,
    Mais une forge de plaisance.
    Le dieu du fer et la nymphe de l'eau
    Eurent bientôt fait connaissance.
Quand le métal trop chaud brûlait le noir voisin,
    Vite, il allait chez sa fraîche voisine,
    Avec son fer rouge à la main,
Pour le tremper dans l'urne cristalline;
Et du goût qui de l'onde a pénétré le sein
    Ces bains expliquent l'origine.
    Mais d'où lui vient cette sève d'Aï,
    Que le bouchon emprisonne avec peine?
    D'une entrevue où Vulcain fut trahi
    Pour le dieu du buveur Silène.
    Dans une absence de Vulcain
    La Naïade mélancolique,
Sur son urne appuyée, entend un bruit lointain;
Elle prête l'oreille; il approche, et soudain
Qui voit-elle? Bacchus! Il était sans tunique,
    Et n'avait pour voile pudique
    Qu'une ceinture de raisin.
Il va vite en amour quand il se met en train.
    Pour son début il embrasse la belle,
    Qui s'étonne et résiste en vain;
    A force de s'approcher d'elle,
Sa ceinture s'écrase, et le jus qui ruissèle
    Va se mêler à l'onde du bassin.
    Depuis ce jour la Naïade friponne,
    Pardonnant la témérité

Avec laquelle on brusqua sa personne,
S'applaudit, pour ses eaux, qu'il leur en soit resté
Un certain montant, qui leur donne
Avec le vin un air de parenté.

J'ai bu de cette eau qui coule dans une cuve de pierre hermétiquement fermée : elle n'en sort que par un robinet comme du vin. La jeune fille qui a rempli mon verre avait l'œil aussi éveillé que la Naïade, quand Bacchus l'eut émoustillée ; je présume que cette suivante a plus d'une fois éprouvé les mêmes brusqueries que sa maîtresse ; elle avait l'air de s'en souvenir encore.

ORBEY.

Bussang est une longue montagne, suivie d'une longue descente, au pied de laquelle se trouve Orbey. Là commence la plaine alsacienne ; on ne monte plus : c'est un jardin entre la chaîne des Vosges et celle du Brisgau qu'on voit dans le lointain.

Il était de trop bonne heure pour coucher à Orbey ; j'ai freté un char-à-banc jusqu'à Cernay, et me suis perché sur cette voiture, emportant les vœux de la jeune fille du maître-de-poste, en reconnaissance de la prédiction que je lui avais faite qu'elle se marierait dans l'année. La mère, grosse allemande, venait de la gronder devant moi : je me suis avisé de faire le prophète pour consoler la fille.

VAL DE SAINT-AMARIN.

J'ai traversé la belle vallée de Saint-Amarin, bordée jusqu'à Cernay de manufactures qui ont presque l'air de maisons royales; Vasserlin est la première. Qu'étaient près de ces édifices les châteaux et les monastères? le travail les habite en place de l'oisiveté : ce sont des foyers producteurs et non des gouffres dévorans. Mais sans ces gouffres, où iraient les productions? Sans doute, il n'y aurait pas de producteurs sans consommateurs. Mais je veux des consommateurs comme ceux d'aujourd'hui, qui paient ce qu'ils consomment, quelque puissans qu'ils soient. Je veux qu'ils plient comme le commun des hommes sous l'empire du besoin, et qu'ils soient tributaires de quiconque y pourvoit. Cet empire est un correctif perpétuel de l'inégalité des conditions; la dépendance où il nous met les uns envers les autres resserre la chaîne de fraternité prescrite par l'Évangile; et, si un anneau manque quelque part, la charité est là pour y remédier.

En contemplant ces superbes fabriques élevées au milieu des campagnes les plus fécondes, j'admirais cette belle union de l'industrie et de l'agriculture, qui luttent paisiblement à qui fournira le plus de jouissance à l'homme.

Quand je dis du mal des châteaux,
C'est de ceux qu'occupaient les butors féodaux,

Engeance barbare et vorace,
  Qui de murs armés de créneaux,
Pour loger leur orgueil, ceignaient un vaste espace,
  Et dans des trous réléguaient leurs vassaux.
Mais j'aime ces palais qu'élève l'opulence,
  Et dont les maîtres généreux,
A l'industrie, aux arts consacrant leur dépense,
Par les mains du travail répandent autour d'eux
  Le superflu de leur aisance;
Du pauvre avec le riche admirable alliance,
Qui rend l'un moins à plaindre et l'autre plus heureux.

Les monastères sont moins faciles à justifier; cependant, ils n'ont pas toujours mérité le blâme du sage. J'ai dit ailleurs ce que leur devaient l'agriculture et la civilisation. Les moines, sans avoir la pureté des vestales, ont comme elles entretenu un feu sacré, celui des sciences, zèle d'autant plus méritoire, que la négligence ne les exposait pas à être enterrés vifs comme ces vierges romaines; car on se mettait peu en peine de l'extinction du feu qu'ils gardaient.

CERNAY.

Le charme de la vallée de Saint-Amarin finit à une demi-lieue de Thann. Là commence la plaine aride de Cernay, célèbre par une bataille que Turenne y gagna sur les impériaux, et qui fut suivie d'une autre aussi glorieuse et plus décisive dans la plaine de Colmar, d'où l'ennemi fut chassé pour ne plus y rentrer.

Ce territoire est classique pour les gens de guerre, comme celui de Rome pour les artistes.

J'arrivai à Cernay à six heures du soir ; j'ai fait le tour de la ville : elle est vivifiée par trois ou quatre manufactures où le coton se carde, se file, se tisse et s'imprime ; où se fabriquent machinalement et avec la plus grande précision tous les instrumens divers qui meublent les fabriques, et dont le mouvement différemment combiné, quoique partant d'une impulsion unique, conduit le coton de filière en filière, depuis son état brut jusqu'à celui qui le rend propre à nous vêtir et à draper nos appartemens.

Il y a au bout du pont, à l'entrée de Cernay, une statue grossière qui représente un prêtre en camail et en surplis. On m'a dit que c'était Saint-Étienne, sous la protection duquel est la ville. La statue a l'air d'être fatiguée de se tenir debout. Ses reins plient, et lui donnent l'attitude d'une personne qui attend un siége pour se mettre à l'aise.

J'ai fait à table d'hôte un souper fort gai avec de jeunes employés des fabriques. Musiciens naturels, ils ont chanté en parties avec une justesse rare, coupant leurs morceaux par des libations fréquentes et s'accompagnant de temps en temps, comme Désaugiers, du choc de leurs verres sans produire de dissonnance. Cette scène chantante et bachique a fini par des contredanses auxquelles on a invité de jeunes filles qui mariaient dehors leurs voix à celles de mes convives, dans l'espoir sans doute de marier aussi leurs jambes avec les leurs. Heureux, si ces mariages sans notaire et sans prêtre s'arrêtent là !

J'ai préféré mon lit au bal. C'était fête le lendemain à la paroisse : j'y suis allé. J'ai vu une procession dans laquelle marchent tous les âges, chacun par gradation, à partir de l'enfance qui essaie ses pieds, jusqu'à la vieillesse lassée de traîner les siens.

Je trouve que le culte catholique a bien fait d'emprunter aux juifs et aux païens les processions solennelles. Quoi de plus touchant que les Rogations?. de plus religieusement suave que la Fête-Dieu? Ces prières, ces chants, cet encens qui brûle en plein air ne rencontrent plus entre le ciel et eux des voûtes qui les interceptent. La terre devient le temple général des fidèles, et ils y voient exposé perpétuellement et sans emblème le Dieu qu'ils invoquent. *L'adoration perpétuelle* doit être plus fervente, plus expansive en plein champ qu'entre quatre murailles.

Un sermon allemand où je n'entendais rien m'a autant ennuyé que quelques autres où j'entendais trop. Je me suis sauvé après le premier point, qui en valait deux; bien m'a pris, la patache qui devait m'emmener à Colmar était sous voile : j'y suis monté, et après quatre heures de marche, j'ai surgi au port de la métropole du Haut-Rhin. Son entrée est noble; on la prendrait, avec ses pieds-droits, ses grilles dorées, ses grosses bornes, pour une barrière de Paris.

J'entre, personne à la fenêtre
Pour voir le nouveau débarqué !
Aucun canon n'était braqué !
Nul valet, encor moins de maître,
N'était sur la route embusqué,
Au moment où j'allais paraître !
Je n'en fus surpris ni piqué.
On lit avec indifférence
Le passeport qui décelait
Mon nom, mon titre, ma naissance.
Avec un caporal du guet,
Qui vint d'une façon civile
Offrir son bras pour mon paquet,
Je traverse inconnu la ville,
Qui, comme si de rien n'était,
A mon aspect reste immobile ;
Mais à peine ai-je débouché
Sur le carrefour du marché,
Soudain mon incognito cesse,
Et je vois accourir à moi,
Belle de joie et de jeunesse,
Une femme criant : c'est toi !
Et qui, par ma présence émue,
M'embrasse au milieu de la rue,
Sans que Colmar sache pourquoi.
Bientôt, sans plus de retenue,
En dépit du qu'en-dira-t-on,
Au nez du mari qui l'a vue,
Elle m'emmène en sa maison.
Quel est ce mari débonnaire
Et cette dame familière
Qui fait aussi peu de façon ?
Ce mari, messieurs, c'est mon gendre,
Et sa femme une fille tendre,
Qui, me guettant de son boudoir,

Fut, comme un trait, prompte à descendre
Pour aller plus tôt recevoir,
Impatiente de l'attendre,
Le père qui venait la voir.

Me voici, pour ainsi dire, dans mes foyers ; car l'hospitalité chez nos enfans, quand ils nous aiment, est-ce autre chose que nos pénates qui nous ont suivis ? Ma mignonnette Cécile n'est pas encore assez éclairée par ses trois ans d'âge, pour deviner qu'elle a de mon sang dans ses veines : elle n'a senti à mon arrivée aucune secousse, aucune révélation interne qui lui donnât vers moi un élan filial. Le fait est qu'elle n'est pas encore décidée à me reconnaître; et son frère Camille, jeune homme de trois mois, est plus occupé de son téton que de son grand-père.

Colmar, à la suite de mes marches et contre-marches, va devenir le centre de mes opérations, c'est-à-dire de mes promenades ; je vous en rendrai compte, si elles en valent la peine, et si mes descriptions ne vous ennuient pas.

Adieu, mes amis, portez-vous aussi bien que le voyageur qui vous embrasse.

FIN DU TOME PREMIER.

TABLE.

PREMIÈRE PARTIE.

Voyage a Meaux.................................... page	1
Aubervillers..	3
Livry..	3
Raincy..	4
Bondy...	5
Ville-Parisis...	5
Crécy..	6
Évêché..	10
Carmes de Crécy..	12
Voyage a Montmartre.................................	15
Porcherons..	18
Tivoli..	18
Abbaye...	21
Télégraphe..	23
Marat..	24
Voyage a Saint-Germain.............................	25
Neuilly..	32
Nanterre..	33
Mont Valérien..	34
Ruel..	35
Lucienne Dubarry.......................................	36
Marly..	37
Voyage a Passy..	49
Palais-Royal...	51
Champs-Élysées...	52
Bons-Hommes..	57
Muette..	58
Promenade a Paris, de la Place Vendôme au Jardin du Roi.	63

TABLE.

Voyage a Saint-Fiacre.................................. page 77
    Bastille.. 80
    Vincenne... 82
    Chelles.. 84
    Pomponne.. 85
    Lagny.. 85
    Chessy... 88
    Pont-aux-Dames.................................... 88
    Crécy... 91
    Saint-Fiacre.. 102
    Fublaine.. 107
    Sameron.. 108
    Triport... 109
    Meaux.. 110
    Retour à Paris...................................... 119
Voyage a Morfontaine................................. 129
    Louvres.. 131
    Vauderlant... 133
    Morfontaine.. 135
    Ermenonville....................................... 139
    Excursion littéraire sur Voltaire et Rousseau......... 141
    Collége de Meaux.................................. 144
    Sainte Céline....................................... 152
    Divagation philosophique sur l'imprimerie............ 154
    Départ pour Crécy................................. 156
    Crécy.. 157
    Claye... 165
    Vieille rencontre.................................... 167
    Rentrée à Paris..................................... 170
Voyage autour de mon Jardin......................... 171
    Bois de Boulogne et Calvaire....................... 184
    Dufresne (M.)...................................... 188
    Corvetto (M. le comte)............................. 197
    Chénier (André).................................... 198

SECONDE PARTIE.

Voyage en Lorraine................................... 219
    Meaux.. 232
    La-Ferté-sous-Jouarc................................ 233
    Mont-Mirail.. 235
    Châlons.. 236

Sainte-Menehoult	page 238
Valmy	239
Verdun	241
Étain	243
Metz	227
Nancy	246
Jouy	247
Pont-à-Mousson	249
Bon-Secours	255
Saint-Nicolas	256
Rosière	256
Sainte-Marie	258
Plombières	261
Charme	265
Épinal	265
Bassins de Plombières	272
Filerie	276
Désert	277
Feuillée	278
Ferme du père Vincent	279
Remiremont	284
Luxeuil	284
Fougeroles	288
Retour à Plombières	288
Hérival	290
Remiremont	295
Arrivée à Colmar	300
Saint-Maurice	300
Bussang	301
Orbey	303
Val de Saint-Amarin	304
Cernay	305

FIN DE LA TABLE DU TOME PREMIER.

www.ingramcontent.com/pod-product-compliance
Lightning Source LLC
Chambersburg PA
CBHW070619160426
43194CB00009B/1316